# 蘇秦列傳第九　史記六十九

蘇秦者東周雒陽人也索隱曰蘇秦字季子蓋蘇忿生之後已姓也譙周云秦兄
弟五人秦最少兄代代弟厲及辟鵲並爲游説之士此下云秦弟代代弟厲未詳○正義曰戰國策云蘇秦雒陽軒里之
人也藝文志云蘇子三十一篇在縱橫流敬王以子朝之亂從王城東遷雒陽故城乃號東周以王城爲西周東事
師於齊而習之於鬼谷先生徐廣曰潁川陽城有鬼谷蓋是其人所居因爲
號騶案風俗通義曰鬼谷先生六國時從橫家○索隱曰鬼谷地名也扶風池陽潁川陽城並有鬼谷墟蓋是其人所居
因爲號又樂壹注鬼谷子書云蘇秦欲神秘其道故假名鬼谷出游數歲大困而歸
索隱曰戰國策此語在説秦王之後兄弟嫂妹妻妾竊皆笑之曰周
人之俗治產業力工商逐什二以爲務今子釋
本而事口舌困不亦宜乎蘇秦聞之而慚自傷



乃閉室不出出其書徧觀之索隱曰音遍觀謂盡觀覽其書曰夫
士業已屈首受書索隱曰謂士之立操業者素也本也言本已屈首低頭受書於師也而
不能以取尊榮雖多亦奚以爲於是得周書陰
符伏而讀之期年以出揣摩戰國策曰乃發書陳篋數十得太公陰符之謀
伏而誦之簡練以爲揣摩讀書欲睡引錐自刺其股血流至踵曰安有說人主不能出其金玉錦繡取卿相之尊者乎期
年揣摩成鬼谷子有揣摩篇也○索隱曰戰國策云得太公陰符之謀則陰符是太公兵法揣音初委反摩音姥何反鄒
誕本作揣䥯䥯讀亦爲摩王劭云揣情摩意是鬼谷之二章名非爲一篇也高誘曰揣定也摩合也定諸侯使讎其術以
成六國之從也江邃曰揣人主之情摩而近之其意當矣曰此可以說當世之君
矣求說周顯王顯王左右素習知蘇秦皆少之
索隱曰謂王之左右素慣習知秦浮說多不中當世而以爲秦智識淺故少之劉氏云少謂輕之弗信乃

西至秦秦孝公卒說惠王曰秦四塞之國正義曰東有黃河有函谷蒲津龍門合河等關南山及武關嶢關西有大隴山及隴山關大震烏蘭等關北有黃河南塞是四塞之國被山帶渭被山帶渭東有關河正義曰又爲界地里江謂岷江渭州隴山之西南流入蜀東至荊陽入海也河謂黃河從同州小積石山東北流至勝州即南流至華州又東北流經魏滄等州入海各是萬里已下西有漢中南有巴蜀北有代馬索隱曰謂代郡馬邑也地理志代郡又有馬城縣一云代馬謂代郡兼有胡馬之利也此天府也索隱曰周礼春官有天府鄭玄曰府物所藏言尊此所藏若天府然以秦士民之衆兵法之教可以吞天下稱帝而治秦王曰毛羽未成不可以高蜚文理未明不可以并兼方誅商鞅疾辯士弗用乃東之趙趙肅侯令其弟成爲相號奉陽君奉



陽君弗說之去游燕歲餘而後得見說燕文侯索隱曰說音稅燕文侯史失名曰燕東有朝鮮遼東索隱曰朝鮮音潮仙二水名北有林胡樓煩索隱曰地理志樓煩屬鴈門郡○正義曰二胡國名朔嵐已北西有雲中九原索隱曰地理志雲中九原二郡名秦曰九原漢武帝改曰五原郡○正義曰二郡並在勝州也雲中郡城在林楡縣東北四十里九原郡在林楡縣西界南有嘑沱易水周禮曰正北曰并州其川嘑沱鄭玄曰嘑沱出鹵城○索隱曰嘑沱水名并州之川也音呼沲地理志鹵城縣名屬代郡嘑沱河自縣東至參谷又東至文安入海也○正義曰呼沱出代州繁畤縣東南流經五臺山北東南流過定州流入海易水出易州縣東流過幽州歸義縣東與呼沱河合也地方二千餘里帶甲數十萬車六百乘騎六千匹粟支數年索隱曰戰国策車七百乘粟支十年南有碣石鴈門之饒索隱曰戰國策碣石山在常山九門縣地理志大碣石山在右

北平驪城縣西南是也○正義曰鴈門山在代燕西門 北有棗栗之利民雖不佃作而足於棗栗矣此所謂天府者也夫安樂無事不見覆軍殺將無過燕者大王知其所以然乎夫燕之所以不犯寇被甲兵者以趙之爲蔽其南也秦趙五戰秦再勝而趙三勝秦趙相斃而王以全燕制其後此燕之所以不犯寇也且夫秦之攻燕也踰雲中九原過代上谷彌地數千里雖得燕城秦計固不能守也秦之不能害燕亦明矣今趙之攻燕也發號出令不至十日而數十萬之軍軍於東垣矣 索隱曰地理志高帝改曰眞定○正義趙之東



邑在恒州眞定縣南八里故常山城是也 渡嘑沱涉易水不至四五日而距國都矣故曰秦之攻燕也戰於千里之外趙之攻燕也戰於百里之內夫不憂百里之患而重千里之外計無過於此者是故願大王與趙從親天下爲一則燕國必無患矣文侯曰子言則可然吾國小西迫彊趙 正義曰貝冀燕趙四州七國時屬趙即燕西界 南近齊 正義曰河北博滄德三州齊地北境與燕相接隔黃河 齊趙彊國也子必欲合從以安燕寡人請以國從於是資蘇秦車馬金帛以至趙而奉陽君已死即因說趙肅侯 索隱曰世本云肅侯名言 曰天下卿相人臣及布衣之士皆高

賢君之行義皆願奉教陳忠於前之日久矣（正義奉符用反）雖然奉陽君妬君而不任事是以賓客游士莫敢自盡於前者今奉陽君捐館舍君乃今復與士民相親也臣故敢進其愚慮竊爲君計者莫若安民無事且無庸有事於民也安民之本在於擇交擇交而得則民安擇交而不得則民終身不安請言外患齊秦爲兩敵而民不得安倚秦攻齊而民不得安倚齊攻秦而民不得安故夫謀人之主伐人之國常苦出辭斷絶人之交也願君慎勿出於口請別白黑所以異陰



陽而已矣（索隱曰戰國策云請屏左右白言所以異陰陽其說異此然則別白黑者蘇秦言已今論趙國之利必使分明有如白黑分別陰陽殊異也）君誠能聽臣燕必致旃裘狗馬之地齊必致魚鹽之海楚必致橘柚之園韓魏中山皆可使致湯沐之奉而貴戚父兄皆可以受封侯夫割地包利五伯之所以覆軍禽將而求也封侯貴戚湯武之所以放弑而爭也今君高拱而兩有之此臣之所以爲君願也今大王與秦則秦必弱韓魏與齊則齊必弱楚魏（正義曰楚東淮泗之上與齊接境）魏弱則割河外韓弱則效宜陽宜陽效則上郡絶（正義曰宜陽即韓城也在洛州西韓大郡也上郡在同州西北言韓弱與秦宜

陽城則上郡路絕矣河外割則道不通正義曰河外同華等地也言魏弱與秦河外地則道
路不通上郡矣華山記云此山分秦晉之境晉之西鄙則曰陰晉秦之東邑則曰寧秦楚弱則無
援此三策者不可不孰計也夫秦下軹道正義曰軹
音止故亭在雍州萬年縣東北十六里苑中則南陽危正義曰南陽懷州河南也七國時屬韓言秦兵
下軹道從東渭橋歷北道過蒲津攻韓即南陽危矣劫韓包周正義曰周都洛陽秦若劫取韓南陽是包
裹周都也趙邯鄲故須危起兵自守則趙氏自操兵索隱曰戰國策作銷鑠據衛
取淇卷兵權反○索隱曰地理志卷縣屬河南戰國策云據衛取淇無卷字○正義曰衛地濮陽也卷城在
鄭州武原縣西北七里言秦守衛得卷則齊必來朝秦則齊必入朝秦秦欲已
得乎山東則必舉兵而嚮趙矣秦甲渡河踰漳
據番吾徐廣曰常山有蒲吾縣○索隱曰徐氏所引據地理志而知也○正義曰番音婆又音蒲又音盤疑



古番吾公邑也括地志云蒲吾故城在鎮州房山縣東二十里漳水在潞州言秦兵渡河歷南陽入羊腸經澤潞渡漳水
守蒲吾城則與趙戰於都城下矣則兵必戰於邯鄲之下矣此臣
之所為君患也當今之時山東之建國莫彊於
趙趙地方二千餘里帶甲數十萬車千乘騎萬
匹粟支數年西有常山正義在鎮州西南有河漳正義曰河
字一作清即漳河也在潞州地理志濁漳出長子鹿谷山東至鄴入清漳東有清河正義曰清河今貝州
也北有燕國正義曰然三家分晉趙得晉陽襄子又伐戎取代既云西有常山者趙都邯鄲近北燕也
燕固弱國不足畏也秦之所害於天下者莫如
趙然而秦不敢舉兵伐趙者何也畏韓魏之議
其後也然則韓魏趙之南蔽也秦之攻韓魏也

無有名山大川之限稍蠶食之傳音附國都而止韓魏不能支秦必入臣於秦秦無韓魏之規則禍必中於趙矣此臣之所爲君患也臣聞堯無三夫之分舜無咫尺之地以有天下禹無百人之聚以王諸侯湯武之士不過三千車不過三百乘卒不過三萬立爲天子誠得其道也是故明主外料其敵之彊弱內度其士卒賢不肖不待兩軍相當而勝敗存亡之機固已形於胷中矣豈揜於衆人之言而以冥冥決事哉臣竊以天下之地圖案之諸侯之地五倍於秦料度諸侯之卒十倍於秦六國爲一并力西鄉而攻秦秦必破矣今西面而事之見臣於秦夫破人之與見破於人也正義曰破人謂破前敵也破於人爲被前敵破臣人之與見臣於人也正義曰臣人謂己得人爲臣臣於人謂己事他人豈可同日而論哉索隱曰臣人謂己爲彼臣也臣於人者謂我爲主使彼臣己也夫衡人者正義上音橫謂爲秦人皆欲割諸侯之地以予秦索隱曰按衡人即游說從橫之士也東西爲橫南北爲從秦地形東西橫長故張儀相秦爲秦連橫秦成則高臺榭美宮室聽竽瑟之音前有樓闕軒轅索隱曰戰国策云前有軒轅又史記俗本有作軒冕者非本文也後有長姣美人索隱曰姣音絞說文云姣美也國被秦患而不與其憂是故夫衡人日夜務以秦權恐愒諸

矦（愒音呼曷反○索隱曰恐音起拱反愒音許曷反謂相恐脅也鄒氏愒音憩義疎）以求割地
故願大王孰計之也臣聞明主絕疑去讒屏流
言之迹塞朋黨之門故尊主廣地彊兵之計臣
得陳忠於前矣故竊爲大王計莫如一韓魏齊
楚燕趙以從親以畔秦令天下之將相會於洹
水之上（徐廣曰洹水出汲郡林慮縣）通質刳白馬而盟（索隱曰質如字
又音躓以言通其交質之情也）要約曰秦攻楚齊魏各出銳師以
佐之韓絕其糧道（索隱曰謂擁兵於崤關之外又守宜陽也）趙涉河漳
（索隱曰謂趙亦涉河漳而西欲與韓相援以阻秦軍）燕守常山之北秦攻韓魏
（正義曰謂道蒲津之東攻之）則楚絕其後（索隱曰謂出兵武關以絕秦兵之後）齊出



銳師而佐之趙涉河漳燕守雲中秦攻齊則楚
絕其後韓守城皐（正義曰在洛州汜水縣）魏塞其道（索隱曰其道即
河内之道戰國策其作午）趙涉河博關（徐廣曰齊威王六年晉伐齊到博陵東郡有博平縣）燕
出銳師以佐之秦攻燕則趙守常山楚軍武關
齊涉勃海（正義曰齊從滄州渡河至瀛州）韓魏皆出銳師以佐之
秦攻趙則韓軍宜陽楚軍武關魏軍河外（索隱曰河
外謂陝及曲沃等處也○正義謂同華州）齊涉清河（正義曰齊從貝州過河而西）燕出
銳師以佐之諸侯有不如約者以五國之兵共
伐之六國從親以賓秦（索隱曰謂六國之軍共爲合從相親獨以秦爲賓而共伐
之）則秦甲必不敢出於函谷以害山東矣如此

則霸王之業成矣趙王曰寡人年少立國日淺未嘗得聞社稷之長計也今上客有意存天下安諸侯寡人敬以國從乃飾車百乘黃金千鎰白璧百雙錦繡千純（純四端名周禮曰純帛不過五兩○索隱曰按一鎰一金也鄭玄云一溢二十四分之一其說各異純音淳高誘注戰國策音屯屯束也又禮鄉射云某賢於某若干純純數也音旋）以約諸侯是時周天子致文武之胙於秦惠王惠王使犀首攻魏禽將龍賈取魏之雕陰（索隱曰魏地也劉氏云在龍門河之西北按地理志雕陰縣屬上郡○正義曰在鄜州洛交縣北三十四里）且欲東兵蘇秦恐秦兵之至趙也乃激怒張儀入之于秦於是說韓宣惠王（索隱曰世本韓宣王昭侯之子也）曰韓北有鞏洛成皋之固（索隱曰二邑本屬東周後爲韓邑地理志二縣並屬河南）西有宜陽商阪之塞（徐廣曰商一作常○索隱曰劉氏云商阪之塞蓋在商洛之間適秦楚之險塞也○正義曰宜陽在洛州福昌縣東十四里商阪即商山也在商洛縣南一里亦曰楚山武關在焉）東有宛穰洧水（宛於袁反洧于鬼反○索隱曰地理志宛穰二縣名並屬南陽洧水名出南方○正義曰在新鄭東南流入潁）南有陘山（徐廣曰召陵有陘亭密縣有陘山○正義曰在新鄭西南三十里）地方九百餘里帶甲數十萬天下之彊弓勁弩皆從韓出谿子（許愼云南方谿子蠻夷柘弩皆善材○索隱曰許愼注淮南子以爲南方蠻出柘弩及竹弩）少府時力距來者（韓有谿子弩又有少府所造二種之弩案時力者謂作之得時力倍於常故名時力也距來者謂弩勢勁利足以距來敵也○索隱曰韓又有少府所造時力距來二種之弩其名並具淮南子）皆射六百步之外韓卒超足而射百發不暇止（索隱

曰超足謂超騰用勢蓋起足蹋之而射也故下云蹠勁弩是也○正義曰超足齊足也夫欲放弩皆坐舉足踏弩材手引揍機然始發之遠者括蔽洞胷近者鏑弇心韓卒之劒戟皆出於冥山徐廣曰莊子曰南行至郢北面而不見冥山駰案司馬彪曰冥山在朔州北○索隱曰郭象云冥山在乎太極李軌云在韓國棠谿徐廣曰汝南吳房有棠谿亭○正義曰故城在豫州偃城縣西八十里鹽鐵論云有棠谿之劒是墨陽淮南子曰墨陽之莫耶也合膊音附徐廣曰一作伯○索隱曰戰國策作合伯春秋後語作合相鄧師宛馮徐廣曰滎陽有馮池○索隱曰鄧國有工鑄劒因名鄧師宛人於馮池鑄劒故號宛馮龍淵太阿吳越春秋曰楚王召風胡子而告之曰寡人聞吳有干將越有歐冶寡人欲因子請此二人作劒可乎風胡子曰可乃往見二人作劒一曰龍淵二曰太阿○索隱曰案晉太康地理記曰汝南西平有龍泉水可以淬刀劒特堅利故有龍泉水之劒楚之寶劒也以特堅利故有堅白之論云黃所以爲堅也白所以爲利也齊辯之曰白所以爲不堅黃所以爲不利也故天下之寶劒韓爲衆一曰棠谿二曰墨陽三曰



合伯四曰鄧師五曰宛馮六曰龍泉七曰太阿八曰莫耶九曰干將也然干將莫耶匠名也其劒皆出西平縣今有鐵官令別領戶是古鑄劒之地皆陸斷牛馬水截鵠鴈當敵則斬堅甲鐵幕徐廣曰陽城出鐵○索隱曰戰國策云當敵則斬堅甲盾鞮鍪鐵幕鄒誕云莫一作陌劉氏云謂以鐵爲臂脛之衣言其劒皆能斬之革抉徐廣曰一作決○索隱曰謂以革爲射決決射韝也㕧芮㕧音伐○索隱曰㕧與瞂同謂楯也芮音如字謂繫楯之紛綬也○正義曰方言云盾自關東謂之瞂關西謂之盾無不畢具以韓卒之勇被堅甲蹠勁弩帶利劒一人當百不足言也夫以韓之勁與大王之賢乃西面事秦交臂而服羞社稷而爲天下笑無大於此者矣是故願大王孰計之大王事秦秦必求宜陽成皋今茲效之明年又復求割地索隱曰鄭

玄注禮云効猶呈見也與則無地以給之不與則棄前功而受後禍且大王之地有盡而秦之求無已以有盡之地而逆無已之求此所謂市怨結禍者也不戰而地已削矣臣聞鄙諺曰寧爲雞口無爲牛後索隱曰戰國策云寧爲雞尸不爲牛從延篤注云尸雞中主也從謂牛子也言寧爲雞中之主不爲牛子之從後也○正義曰雞口雖小猶進食牛後雖大乃出糞也今西面交臂而臣事秦何異於牛後乎夫以大王之賢挾彊韓之兵而有牛後之名臣竊爲大王羞之於是韓王勃然作色攘臂瞋目按劍仰天太息曰索隱曰太息謂久蓄氣而大呼也寡人雖不肖必不能事秦今主君詔以趙王



之教敬奉社稷以從索隱曰主君指蘇秦也禮卿大夫稱主今嘉蘇子合從諸侯褒而美之故稱曰主君又說魏襄王索隱曰世本惠王子名嗣曰大王之地南有鴻溝徐廣曰在滎陽陳汝南許郾徐廣曰在潁川於幰切○索隱曰音偃又於建反戰国策作鄢地理志潁川有許郾二縣又有鄢陵縣鄢郾不同必有一誤鄢音焉○正義曰陳汝南今汝州豫州縣也昆陽召陵舞陽新都新郪地理志潁川有昆陽舞陽縣汝南有新郪縣南陽有新都縣○索隱曰地理志昆陽舞陽屬潁川召陵新郪屬汝南按新郪即郪丘章帝建初四年徙封殷後宋公於此更名宋新都屬南陽戰国策直云新郪無新都二字○正義曰召陵在豫州舞陽在許州東有淮潁正義曰淮陽潁川二郡煑棗徐廣曰在宛句○正義曰在宛朐按宛朐曹州縣也無胥索隱曰按其地闕西有長城之界北有河外正義曰謂河南地卷衍酸棗徐廣曰滎陽卷縣有長城經陽武到密衍地名○索隱曰徐廣云滎陽卷縣有長城蓋據地險爲說○正義曰卷在鄭州

原武縣北七里酸棗在滑州衍徐云地名地方千里地名雖小然而田舍廬廡之數曾無所芻牧人民之衆車馬之多日夜行不絶輷輷殷殷正義曰輷䡔宏反殷音隱若有三軍之衆臣竊量大王之國不下楚然衡人怵王正義衡音横怵音卹交彊虎狼之秦以侵天下卒有秦患正義卒音忩勿反不顧其禍夫挾彊秦之勢以内劫其主罪無過此者魏天下之彊國也王天下之賢王也今乃有意西面而事秦稱東藩築帝宮索隱曰謂爲秦築宮備其巡狩而舍之故謂之帝宮受冠帶祠春秋索隱曰謂冠帶制度皆受秦之法春秋貢奉以助奉祭祀臣竊爲大王耻之臣聞越王句踐戰敝卒三千人禽夫差於干遂索隱曰干遂地名不知所在然干是水旁之高地故有江干河干是也又左思吳都賦云長干延屬是干爲江旁之地遂者道也於江干有遂道因爲名也○正義曰在蘇州吳縣西北四十餘里萬安山前遂西南山太湖夫差敗於姑蘇禽於干遂相去四十餘里武王卒三千人革車三百乘制紂於牧野正義曰今衛州城是也周武王伐紂於牧野築之豈其士卒衆哉誠能奮其威也今竊聞大王之卒武士二十萬漢書刑法志曰魏氏武卒衣三屬之甲操十二石之弩負矢五十置戈其上冠冑帶劍嬴三日之糧日中而趨百里中試則復其戶利其田宅○索隱曰衣音意屬音燭三屬謂甲衣也覆髆一也甲裳二也脛衣三也甲之有裳見左傳嬴音盈謂齎糗糧中音竹仲反謂其筋力能負重所以得中試復音福中試之人国家當優復賜之上田宅故云利其田宅也蒼頭二十萬索隱曰謂以青巾裹頭以異於衆荀卿子魏有蒼頭二十萬是也奮擊二十萬厮徒十萬索隱曰厮音斯謂厮養之卒厮養馬之賤

者今起之爲卒○正義曰廝音斯謂汲烹供養雜役車六百乘騎五千匹此其過越王句踐武王遠矣今乃聽於羣臣之說而欲臣事秦夫事秦必割地以効實（索隱曰謂割地獻秦以效己之誠實）故兵未用而國已虧矣凡羣臣之言事秦者皆姦人非忠臣也夫爲人臣割其主之地以求外交偷取一時之功而不顧其後破公家而成私門外挾彊秦之勢以內劫其主以求割地願大王孰察之周書曰緜緜不絕蔓蔓奈何毫氂不伐將用斧柯前慮不定後有大患將奈之何大王誠能聽臣六國從親專心并力壹意則必



無彊秦之患故敝邑趙王使臣効愚計（索隱曰此效猶呈見也）奉明約在大王之詔詔之魏王曰寡人不肖未嘗得聞明教今主君以趙王之詔詔之敬以國從因東說齊宣王（索隱曰世本名辟彊威王之子也）曰齊南有泰山東有琅邪西有清河（正義曰即貝州）北有勃海此所謂四塞之國也齊地方二千餘里帶甲數十萬粟如丘山三軍之良五家之兵（索隱曰高誘注戰國策云五家即五國）進如鋒矢（索隱曰戰國策作疾如錐矢高誘曰錐小矢喻徑疾也呂氏春秋曰所貴錐矢者爲其應聲而至○正義曰齊君之進若鋒芒之刃良弓之矢用之有進而無退）戰如雷霆解如風雨即有軍役未嘗倍泰山絕清河涉勃海

也正義曰言臨淄自足也絕涉皆度也渤海滄州也齊有軍役不用度河取二部臨菑之中七
萬戶臣竊度之不下戶三男子三七二十一萬
不待發於遠縣而臨菑之卒固已二十一萬矣
臨菑甚富而實其民無不吹竽鼓瑟彈琴擊筑
正義曰筑似琴而大頭圓五弦擊之不鼓鬬雞走狗六博蹋鞠者劉向別錄曰蹵
鞠者傳言黃帝所作或曰起戰國之時蹋鞠兵勢也所以練武士知有材也皆因嬉戲而講練之蹋徒獵反鞠求六反○
索隱曰王逸注楚詞云博著也行六棊故云六博別錄云蹵鞠者蹵亦蹋也促六反崔豹云起黃帝時習兵之勢也臨
菑之塗車轂擊人肩摩連衽成帷舉袂成幕揮
汗成雨家殷人足志高氣揚夫以大王之賢與
齊之彊天下莫能當今乃西面而事秦臣竊為



大王羞之且夫韓魏之所以重畏秦者為與秦
接境壤界也兵出而相當不出十日而戰勝存
亡之機決矣韓魏戰而勝秦則兵半折四境不
守戰而不勝則國已危亡隨其後是故韓魏之
所以重與秦戰而輕為之臣也今秦之攻齊則
不然倍韓魏之地過衛陽晉之道徐廣曰魏哀王十六年秦拔魏
蒲坂陽晉封陵○索隱曰陽晉魏邑也劉氏云陽晉地名蓋適齊之道在衛國之西南也○正義曰言秦伐齊皆韓魏地
而與齊戰徐說陽晉非也乃是晉陽耳衛地曹濮等州也杜預云曹魏下邑也陽晉故在曹州乘氏縣西北三十七里
徑乎亢父之險索隱曰亢音剛又苦浪反地理志縣名屬梁國○正義曰故縣在兗州任城縣
南五十一里車不得方軌正義曰言不得兩車並行騎不得比行百

人守險千人不敢過也秦雖欲深入則狼顧正義
曰狼性怯走常還顧恐韓魏之議其後也是故恫疑虛喝呼葛
反○索隱曰恫音通恫恐懼之心也喝本亦作猲並呼合反高誘曰虛猲喘息懼貌也劉氏云秦自疑懼不敢進兵虛作
恐猲之詞以脅韓魏也驕矜而不敢進正義曰言秦雖至亢父猶恐懼狠顧虛作喝罵驕溢
矜誇不敢進伐齊明矣則秦之不能害齊亦明矣夫不深料
秦之無奈齊何而欲西面而事之是羣臣之計
過也今無臣事秦之名而有彊國之實臣是故
願大王少留意計之齊王曰寡人不敏僻遠守
海窮道東境之國也未嘗得聞餘教今足下以
趙王詔詔之敬以國從乃西南說楚威王索隱曰威



王名商宣王之子曰楚天下之彊國也王天下之賢王也
西有黔中徐廣曰今之武陵也○正義曰今朗州楚黔中郡其故城在辰州西二十里皆盤瓠後
也巫郡徐廣曰巫郡者南郡之西界正義曰巫郡夔州巫山縣是東有夏州海陽
徐廣曰楚考烈王元年秦取夏州駰案左傳楚莊王伐陳鄉取一人焉以歸謂之夏州而注者不說夏州所在車胤撰桓
溫集云夏口城上數里有洲名夏州東有夏州謂此也○索隱曰裴駰據左氏及車胤說夏州其文甚明而劉伯莊以爲
夏州州侯之本国亦未之爲得地理志海陽地闕劉氏云楚之東境也○正義曰大江中州也夏水口在荊州江陵縣東
南二十五里南有洞庭蒼梧索隱曰今青草湖是也在岳州界蒼梧地名地理志有蒼
梧郡○正義曰蒼梧山在道州南北有陘塞郇陽徐廣曰春秋曰遂伐楚次于陘楚威
王十一年魏敗楚陘山析縣有鈞水或者郇陽今之順陽乎一本北有汾陘之塞也○索隱曰陘山在楚北境郇音荀郇
陽地當在汝南潁川之界檢地理志及太康地記北境並無郇邑郇邑在河東晉地計郇陽當是新陽聲相近字变耳汝

南有新陽縣應劭云在新水之陽猶幽邑变爲栒邑圁陰变爲圜陰爾郇亦當然也徐氏云郇陽當是順陽蓋疏○正義曰陘山在鄭州新鄭縣西南三十里順陽故城在鄭州穰縣西百四十里地方五千餘里帶甲百萬車千乘騎萬匹粟支十年此霸王之資也夫以楚之彊與王之賢天下莫能當也今乃欲西面而事秦則諸侯莫不西面而朝於章臺之下矣秦之所害莫如楚楚彊則秦弱秦彊則楚弱其勢不兩立故爲大王計莫如從親以孤秦大王不從秦必起兩軍一軍出武關一軍下黔中則鄢郢動矣徐廣曰今南郡宜城○正義曰鄢鄉故城在襄州率道縣南九里安郢城在荊州江陵縣東北六里秦兵出武關則臨鄢矣兵下黔中則臨郢矣臣聞治之其未亂



也爲之其未有也患至而後憂之則無及已故願大王早孰計之大王誠能聽臣臣請令山東之國奉四時之獻以承大王之明詔委社稷奉宗廟練士厲兵在大王之所用之大王誠能用臣之愚計則韓魏齊燕趙衛之妙音美人必充後宮燕代橐駝良馬必實外廄故從合則楚王衡成則秦帝今釋霸王之業而有事人之名臣竊爲大王不取也夫秦虎狼之國也有吞天下之心秦天下之仇讎也衡人皆欲割諸侯之地以事秦此所謂養仇而奉讎者也夫爲人臣割

其王之地以外交彊虎狼之秦以侵天下卒有秦患不顧其禍夫外挾彊秦之威以內劫其主以求割地大逆不忠無過此者故從親則諸侯割地以事楚衡合則楚割地以事秦此兩策者相去遠矣二者大王何居焉故敝邑趙王使臣效愚計奉明約在大王詔之楚王曰寡人之國西與秦接境秦有舉巴蜀并漢中之心秦虎狼之國不可親也而韓魏迫於秦患不可與深謀與深謀恐反人以入於秦故謀未發而國已危矣寡人自料以楚當秦不見勝也內與羣臣謀



不足恃也寡人臥不安席食不甘味心搖搖然如縣旌而無所終薄（白洛反）今主君欲一天下收諸侯存危國寡人謹奉社稷以從於是六國從合而并力焉蘇秦為從約長并相六國北報趙王乃行過雒陽車騎輜重諸侯各發使送之甚衆擬於王者（索隱曰疑作擬讀）周顯王聞之恐懼除道使人郊勞（儀禮曰賓至近郊君使卿朝服用束帛勞）蘇秦之昆弟妻嫂側目不敢仰視俯伏侍取食蘇秦笑謂其嫂曰何前倨而後恭也嫂委蛇蒲服以面掩地而謝（索隱曰委蛇謂面掩地而進若蛇行也蒲服即匍匐並音蒲仆）曰見季子位高金多也

譙周曰蘇秦字季子○索隱曰按其嫂呼小叔爲季子耳未必即其字允南即以爲字未之得也蘇秦喟然嘆曰此一人之身富貴則親戚畏懼之貧賤則輕易之況衆人乎且使我有雒陽負郭田二頃索隱曰負背也枕也近城之地沃潤流澤最爲膏腴故云負郭吾豈能佩六國相印乎於是散千金以賜宗族朋友初蘇秦之燕貸百錢爲資及得富貴以百金償之徧報諸所嘗見德者其從者有一人獨未得報乃前自言蘇秦曰我非忘子子之與我至燕再三欲去我易水之上方是時我困故望子深是以後子子今亦得矣蘇秦既約六國從親歸趙趙肅侯封

請為王取之蘇秦見齊王再拜俯而慶仰而弔索隱曰劉氏云當時慶弔應有其詞但史家不録耳齊王曰是何慶弔相隨之速也蘇秦曰臣聞飢人所以飢而不食烏喙者本草經曰烏頭一名烏喙○索隱曰音卓又許穢反今之毒藥烏頭是○正義曰廣雅云蘇奥毒附子也一歲為烏喙二歲為附子四歲為烏頭五歲為天雄為其愈充腹而與餓死同患也索隱曰劉氏以愈猶暫非也按謂飢人食烏頭則愈益充腹少時毒發而斃亦與飢死同患也斃音弊今燕雖弱小即秦王之少壻也大王利其十城而長與彊秦為仇今使弱燕為鴈行而彊秦敝其後以招天下之精兵是食烏喙之類也齊王愀然變色索隱曰愀音自酉反又七小反曰然則奈何蘇秦曰臣聞古之善制事者轉禍為福因敗為功大王誠能聽臣計即歸燕之十城燕無故而得十城必喜秦王知以己之故而歸燕之十城亦必喜此所謂棄仇讎而得石交者也夫燕秦俱事齊則大王號令天下莫敢不聽是王以虚辭附秦以十城取天下此霸王之業也王曰善於是乃歸燕之十城人有毀蘇秦者曰左右賣國反覆之臣也將作亂蘇秦恐得罪歸而燕王不復官也蘇秦見燕王曰臣東周之鄙人也無有分寸之功而王親拜之於廟而禮之於廷今臣為王卻齊之

兵而攻得十城宜以益親今來而王不官臣者人必有以不信傷臣於王者臣之不信王之福也臣聞忠信者所以自爲也進取者所以爲人也且臣之說齊王曾非欺之也臣棄老母於東周固去自爲而行進取也今有孝如曾參廉如伯夷信如尾生得此三人者以事大王何若王曰足矣蘇秦曰孝如曾參義不離其親一宿於外王又安能使之步行千里而事弱燕之危王哉廉如伯夷義不爲孤竹君之嗣不肯爲武王臣不受封侯而餓死首陽山下有廉如此王又



安能使之步行千里而行進取於齊哉信如尾生與女子期於梁下女子不來水至不去抱柱而死有信如此王又安能使之步行千里卻齊之彊兵哉臣所謂以忠信得罪於上者也燕王曰若不忠信耳豈有以忠信而得罪者乎蘇秦曰不然臣聞客有遠爲吏而其妻私於人者其夫將來其私者憂之妻曰勿憂吾已作藥酒待之矣居三日其夫果至妻使妾舉藥酒進之妾欲言酒之有藥則恐其逐主母也欲勿言乎則恐其殺主父也於是乎詳僵而棄酒索隱曰詳音羊詳詐也僵

仆也音𧿳主父大怒笞之五十故妾一僵而覆酒上存主父下存主母然而不免於笞惡在乎忠信之無罪也夫臣之過不幸而類是乎燕王曰先生復就故官益厚遇之易王母文侯夫人也與蘇秦私通燕王知之而事之加厚蘇秦恐誅乃說燕王曰臣居燕不能使燕重而在齊則燕必重燕王曰唯先生之所為於是蘇秦詳為得罪於燕而亡走齊齊宣王以為客卿徐廣曰燕易王之十年時齊宣王卒湣王即位說湣王厚葬以明孝高宮室大苑囿以明得意欲破敝齊而為燕燕易王卒

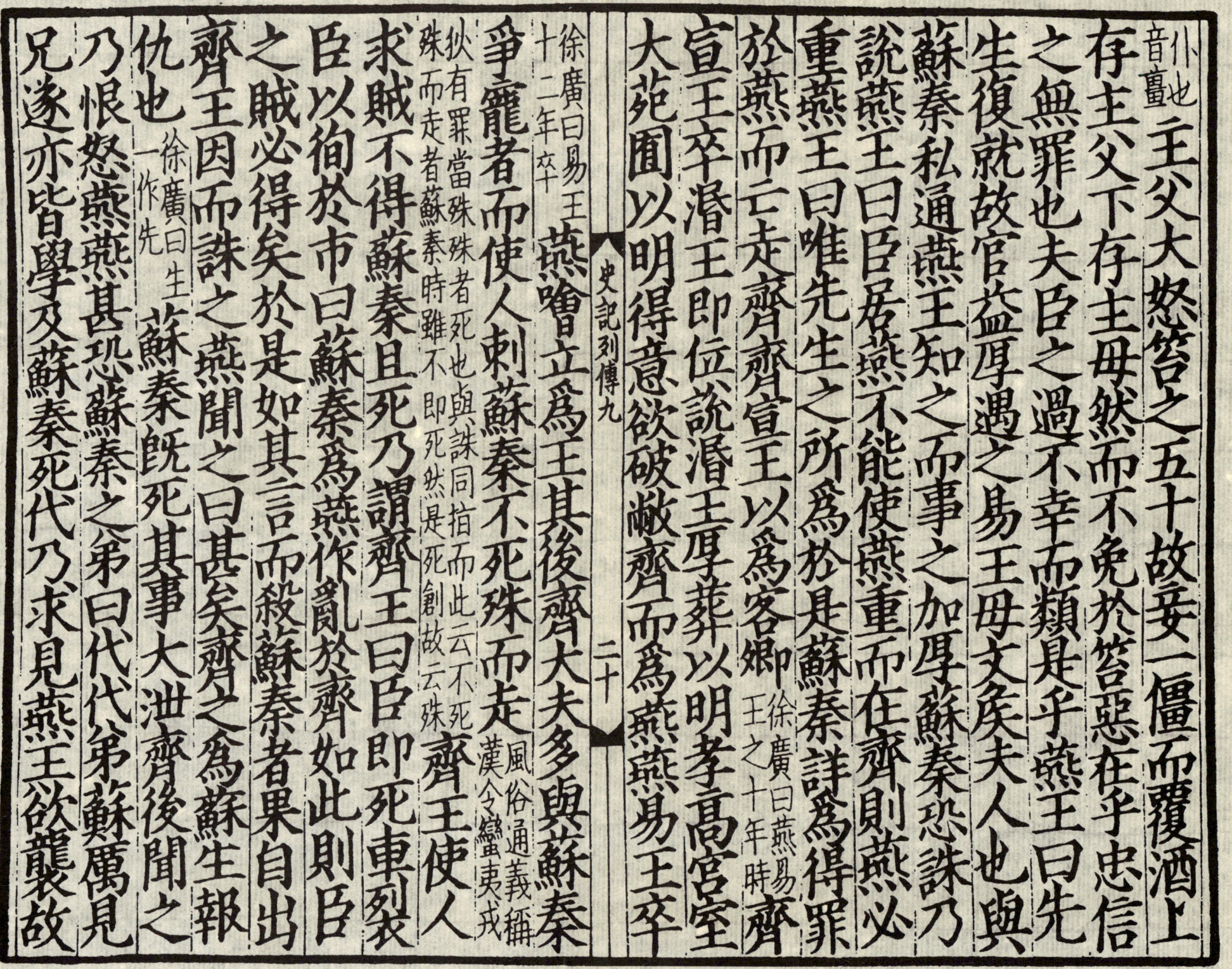

徐廣曰易王十二年卒燕噲立為王其後齊大夫多與蘇秦爭寵者而使人刺蘇秦不死殊而走風俗通義稱漢令蠻夷戎狄有罪當殊殊者死也與誅同指而此云不死殊而走者蘇秦時雖不即死然是死創故云殊齊王使人求賊不得蘇秦且死乃謂齊王曰臣即死車裂臣以徇於市曰蘇秦為燕作亂於齊如此則臣之賊必得矣於是如其言而殺蘇秦者果自出齊王因而誅之燕聞之曰甚矣齊之為蘇生報仇也徐廣曰生一作先蘇秦既死其事大泄齊後聞之乃恨怒燕燕甚恐蘇秦之弟曰代代弟蘇厲見兄遂亦皆學及蘇秦死代乃求見燕王欲襲故

事曰臣東周之鄙人也竊聞大王義甚高鄙人不敏釋鉏耨而干大王至於邯鄲所見者絀於所聞於東周臣竊負其志及至燕廷觀王之羣臣下吏王天下之明王也燕王曰子所謂明王者何如也對曰臣聞明王務聞其過不欲聞其善臣請謁王之過夫齊趙者燕之仇讎也楚魏者燕之援國也今王奉仇讎以伐援國非所以利燕也王自慮之此則計過無以聞者非忠臣也王曰夫齊者固寡人之讎所欲伐也直患國敝力不足也子能以燕伐齊則寡人舉國委子



對曰凡天下戰國七燕處弱焉獨戰則不能有所附則無不重南附楚楚重西附秦秦重中附韓魏韓魏重且苟所附之國重此必使王重矣（正義曰言附諸國諸國重燕而燕尊重）今夫齊長主而自用也（索隱曰謂齊王年長也或作齊彊故言長主）南攻楚五年畜聚竭西困秦三年士卒罷敝北與燕人戰覆三軍得二將（徐廣曰齊覆三軍而燕失二將○索隱曰戰國策云獲二將亦謂燕之二將是燕之失也）然而以其餘兵南面舉五千乘之大宋（正義曰齊表云齊湣王三十八年滅宋乃當赧王二十九年此說乃燕噲之時當周慎王之時齊宋在前三十餘年恐文誤矣）而包十二諸侯此其君欲得其民力竭惡足取乎且臣聞之數戰則民勞久

師則兵敝矣燕王曰吾聞齊有清濟濁河正義曰齊漯二水上承黄河並淄青之北流入海黄河又一源從洛魏二州界北流入海亦齊西北界可以為固長城鉅防徐廣曰齊北盧縣有防門又有長城東至海○正義曰長城西頭在齊州平陰縣界竹書紀云梁惠王二十年齊閔王築防以為長城太山記云太山西有長城緣河經太山餘一千里至琅邪臺入海足以為塞誠有之乎對曰天時不與雖有清濟濁河惡足以為固民力罷敝雖有長城鉅防惡足以為塞且異日濟西不師正義曰齊州已西也所以備趙也河北不師正義曰謂滄博等州在漯河之北所以備燕也今濟西河北盡已役矣封內敝矣夫驕君必好利而亡國之臣必貪於財王誠能無羞寵子母弟以為質正義音致寶珠玉帛以事左右彼將有德燕而輕亡宋則齊可亡已燕王曰吾終以子受命於天矣燕乃使一子質於齊而蘇厲因燕質子而求見齊王齊王怨蘇秦欲囚蘇厲燕質子為謝已遂委質為齊臣正義曰質真栗反燕相子之與蘇代婚而欲得燕權乃使蘇代侍質子於齊齊使代報燕燕王噲問曰齊王其霸乎曰不能曰何也曰不信其臣於是燕王專任子之已而讓位燕大亂齊伐燕殺王噲子之徐廣曰是周赧王之元年時也燕立昭王而蘇代蘇厲遂不敢入燕皆終歸齊齊善待之蘇代過

魏魏為燕執代齊使人謂魏王曰齊請以宋地封涇陽君正義曰涇陽君秦王弟名悝也涇陽雍州縣也齊蘇子告秦共伐宋以封涇陽君然齊假設此策以救蘇代秦必不受秦非不利有齊而得宋地也正義曰齊言秦相親共伐宋秦得宋地又得齊事秦然秦不信齊及蘇代恐為不成也不信齊王與蘇子也今齊魏不和如此其甚則齊不欺秦秦信齊齊秦合涇陽君有宋地非魏之利也故王不如東蘇子秦必疑齊而不信蘇子矣齊秦不合天下無變伐齊之形成矣於是出蘇代代之宋宋善待之齊伐宋宋急蘇代乃遺燕昭王書曰正義曰此書為宋說燕令莫助齊梁夫列在萬乘而寄質於齊正義曰燕

爲福轉敗爲功齊紫敗素也徐廣曰取敗素染以爲紫○正義曰齊君好紫故齊俗尚之取惡素帛染爲紫其價十倍貴於餘喻齊雖有大名而國中以困弊也韓子云齊桓公好服紫一國盡服紫當時十素不得一紫公患之管仲曰君欲止之何不試勿衣紫也公謂左右曰惡紫臭公語三日境内莫有衣紫者而賈十倍索隱曰謂紫色價貴於帛十倍而本是敗素以喻齊雖有大名而其國中困弊也越王句踐棲於會稽復殘彊吳而霸天下此皆因禍爲福轉敗爲功者也今王若欲因禍爲福轉敗爲功則莫若挑霸齊而尊之正義曰挑田鳥反執持也使使盟於周室焚秦符曰正義曰符徵兆也其大上計破秦其次必長賓之索隱曰長如字賓音擯○正義曰大好上計策破秦次計長擯弃關西秦挾賓以待破秦王必患之秦五世伐諸侯今爲齊下



秦王之志苟得窮齊不憚以國爲功然則王何不使辯士以此言説秦王曰燕趙破宋肥齊尊之爲之下者燕趙非利之也燕趙不利而勢爲之者以不信秦王也然則王何不使可信者接收燕趙令涇陽君高陵君徐廣曰馮翊高陵縣○索隱曰二人秦王母弟也高陵君名顯涇陽君名悝先於燕趙秦有變因以爲質則燕趙信秦秦爲西帝燕爲北帝趙爲中帝立三帝以令於天下韓魏不聽則秦伐之齊不聽則燕趙伐之天下孰敢不聽天下服聽因驅韓魏以伐齊曰必反宋地歸楚淮北反宋地歸楚淮北燕

趙之所利也並立三帝燕趙之所願也夫實得所利尊得所願燕趙棄齊如脫躧矣今不收燕趙齊霸必成諸侯贊齊而王不從是國伐也諸侯贊齊而王從之是名卑也今收燕趙國安而名尊不收燕趙國危而名卑夫去尊安而取危卑智者不爲也秦王聞若說必若刺心然則王何不使辯士以此若言說秦秦必取齊必伐矣夫取秦厚交也伐齊正利也尊厚交務正利聖王之事也燕昭王善其書曰先人嘗有德蘇氏子之之亂而蘇氏去燕燕欲報仇於齊非蘇氏莫可乃召蘇代復善待之與謀伐齊竟破齊湣王出走久之秦召燕王燕王欲往蘇代約燕王曰楚得枳 徐廣曰巴郡有枳縣○正義曰枳支是反今涪州城在秦枳縣在江南 而國亡 徐廣曰燕昭王三十三年秦拔楚鄢○正義曰按西陵在黃州 齊得宋而國亡 正義曰年表云齊湣王三十八年滅宋三十年五國共擊湣王王走莒 齊楚不得以有枳宋而事秦者何也則有功者秦之深讎也秦取天下非行義也暴也秦之行暴正告天下 索隱曰正告謂顯然而告天下 告楚曰蜀地之甲乘船浮於汶 眉貧反○索隱曰即江所出之岷山 乘夏水而下江 索隱曰夏音暇謂夏潦之水盛漲時也 五日而至郢漢中之甲乘船出於巴 索隱曰巴水名與漢水相近○正義曰巴嶺山在梁州南

一百九十里周地志云南渡老子水登巴嶺山南回記大江此南是古巴國因以名山下漢四日而至五渚（戰國策曰秦與荆人戰大破荆襲郢取洞庭五渚然則五渚在洞庭）乘夏水而（○索隱曰五渚五㲉洲也劉氏以爲五渚宛鄧之間臨漢水不得在洞庭或說五渚即五湖與劉氏說各不同）寡人積甲宛東下隨（索隱曰宛縣之東而下隨邑）智者不及謀勇士不及怒寡人如射隼矣（索隱曰易曰射隼于高墉之上獲之無不利秦王言我今伐楚必當捷獲也○正義曰隼若今之鶻也）王乃欲待天下之攻函谷不亦遠乎楚王爲是故十七年事秦秦正告韓曰我起乎少曲（索隱曰地名近宜陽也○正義曰在懷州河陽縣西北解在范雎傳）一日而斷太行（正義曰太行山羊腸坂道北過韓上黨也）我起乎宜陽而觸平陽（正義曰宜陽平陽皆韓大都也隔河也）二日而莫不盡繇（索隱曰音搖搖動也）



我離兩周（正義曰離歷也歷二周而東解新鄭州韓國都拔矣）而觸鄭五日而國舉（索隱曰離如字謂屯兵以離二周也而乃觸擊於鄭故五日國舉舉猶拔也）韓氏以爲然故事秦秦正告魏曰我舉安邑塞女戟韓氏太原卷（正義曰卷軌免反劉伯莊云太原當爲太行卷猶斷絕）我下軹道南陽封冀（徐廣曰覇陵有軹道亭河東皮氏有冀亭也○索隱曰女戟地名在太行山之西劉氏卷音軌免反又音丘權反按舉安邑塞女戟及至韓氏韓國宜陽也太原縣名魏地不至太原亦無別名太衍字原當爲京京及卷皆屬滎陽是魏之境軹是河内軹縣言道者亦衍字徐廣引覇陵有軹道亭非魏之境蓋誤南陽即河内也封封陵也冀冀邑也皆在魏境故徐廣引河東皮氏有冀亭是也）包兩周（徐廣曰張儀曰下河東取成皋也○正義曰兩周王城及鞏）乘夏水浮輕舟彊弩在前錟戈在後（徐廣曰錟由冉反○正義曰劉伯莊云音四廉反利也）決滎口魏無大梁（索隱曰滎澤之口與今汴

河口通其水深可以灌大梁故云無大梁也決白馬之口魏無外黃濟陽
索隱曰白馬河津在東郡決其流以灌外黃濟陽也○正義曰故黃城在曹州考城縣東二十四里濟陽故城在曹州宛
胸縣西南三十五里決宿胥之口徐廣曰紀年曰魏救山塞集胥口○正義曰淇水出衛州淇縣界之
淇水東至黎陽入河魏志云武帝於淸淇口東因宿胥故瀆開白溝道淸淇二水入焉○索隱曰紀年作胥蓋亦津名今
其地不知所在魏無虛頓丘徐廣曰秦始皇五年取魏酸棗燕虛長平○索隱曰虛頓丘地名與酸棗
相近○正義曰虛謂殷墟今相州所理是頓丘故城在魏州頓丘縣東北二十里括地志云二國地時屬魏陸攻
則擊河内水攻則滅大梁魏氏以爲然故事秦
秦欲攻安邑恐齊救之則以宋委於齊曰宋王
無道爲木人以寫寡人射其面寡人地絶兵遠
不能攻也王苟能破宋有之寡人如自得之已



得安邑塞女戟因以破宋爲齊罪索隱曰秦令齊滅宋仍以破宋
爲齊之罪名秦欲攻韓恐天下救之則以齊委於天下
曰齊王四與寡人約四欺寡人必率天下以攻
寡人者三有齊無秦有秦無齊必伐之必亡之
已得宜陽少曲致藺石因以破齊爲天下罪秦
欲攻魏重楚索隱曰重猶附也尊也○正義曰畏楚救魏則以南陽委於
楚曰正義曰南陽鄧州地本韓地也韓先事秦今楚取南陽故言與韓且絶矣寡人固與韓
且絶矣殘均陵塞鄳阨徐廣曰鄳江夏鄳縣均一作灼鄳音盲○索隱曰均陵在
南陽今之均州鄳縣名在江夏○正義曰均州故城在隨州西南五十里蓋均陵也又申州羅山縣本漢鄳縣申州有平
淸關蓋古冥縣之阨塞苟利於楚寡人如自有之魏棄與國

而合於秦因以塞鄳阨爲楚罪兵困於林中徐廣曰河南苑陵有林鄉重燕趙以膠東委於燕以濟西委於趙索隱曰講和也解也秦與魏和也至當爲質謂以公子延爲質也犀首者公孫衍也本魏將因之以屬軍行行音胡郎反謂連兵相續也

趙得講於魏至公子延因犀首屬行而攻趙兵傷於譙石遇敗於陽馬索隱曰譙石陽馬並趙之地名非縣邑也而重魏則以葉蔡委於魏已得講於趙則劫魏不爲割困則使太后弟穰侯爲和嬴則兼欺舅與母索隱曰嬴猶勝也舅穰侯魏冄也母太后也適燕者曰以膠東索隱曰適音宅適者責也下同適趙者曰以濟西適魏者曰以葉蔡適楚者曰以塞鄳阨適齊者曰以宋此必令言如循環用兵如刺蜚母不能制舅不能約龍賈之戰魏襄王五年秦敗我龍賈軍岸門之戰韓宣惠王十九年秦大破我岸門封陵之戰魏哀王十六年秦敗我封陵高商之戰此戰事不見趙莊之戰趙肅侯二十二年趙莊與秦戰敗秦殺趙莊河西秦之所殺三晉之民數百萬今其生者皆死秦之孤也西河之外上雒之地三川晉國之禍三晉之半秦禍如此其大也索隱曰以言西河之外上雒之地及三川晉國皆是秦與魏戰之處秦兵禍敗我三晉之半是秦禍如此其大者而燕趙之秦者皆以爭事秦說其主索隱曰燕趙之人往秦者謂游說之士此臣之所大患也燕昭王不行蘇代復重於燕燕使約諸侯從親如蘇秦時或從或不而天下

由此宗蘇氏之從約代厲皆以壽死名顯諸侯

太史公曰蘇秦兄弟三人皆游說諸侯以顯名索隱曰譙允南以爲蘇氏兄弟五人更有蘇辟蘇鵠典略亦同其說蓋按蘇氏譜云然也其術長於權變而蘇秦被反間以死天下共笑之諱學其術然世言蘇秦多異異時事有類之者皆附之蘇秦夫蘇秦起閭閻連六國從親此其智有過人者吾故列其行事次其時序毋令獨蒙惡聲焉

索隱述贊曰

季子周人　師事鬼谷　揣摩既就

陰符伏讀　合從離衡　佩印者六

天王除道　家人扶服　賢哉代厲

繼榮黨族



蘇秦列傳第九　史記六十九

張儀列傳第十　史記七十

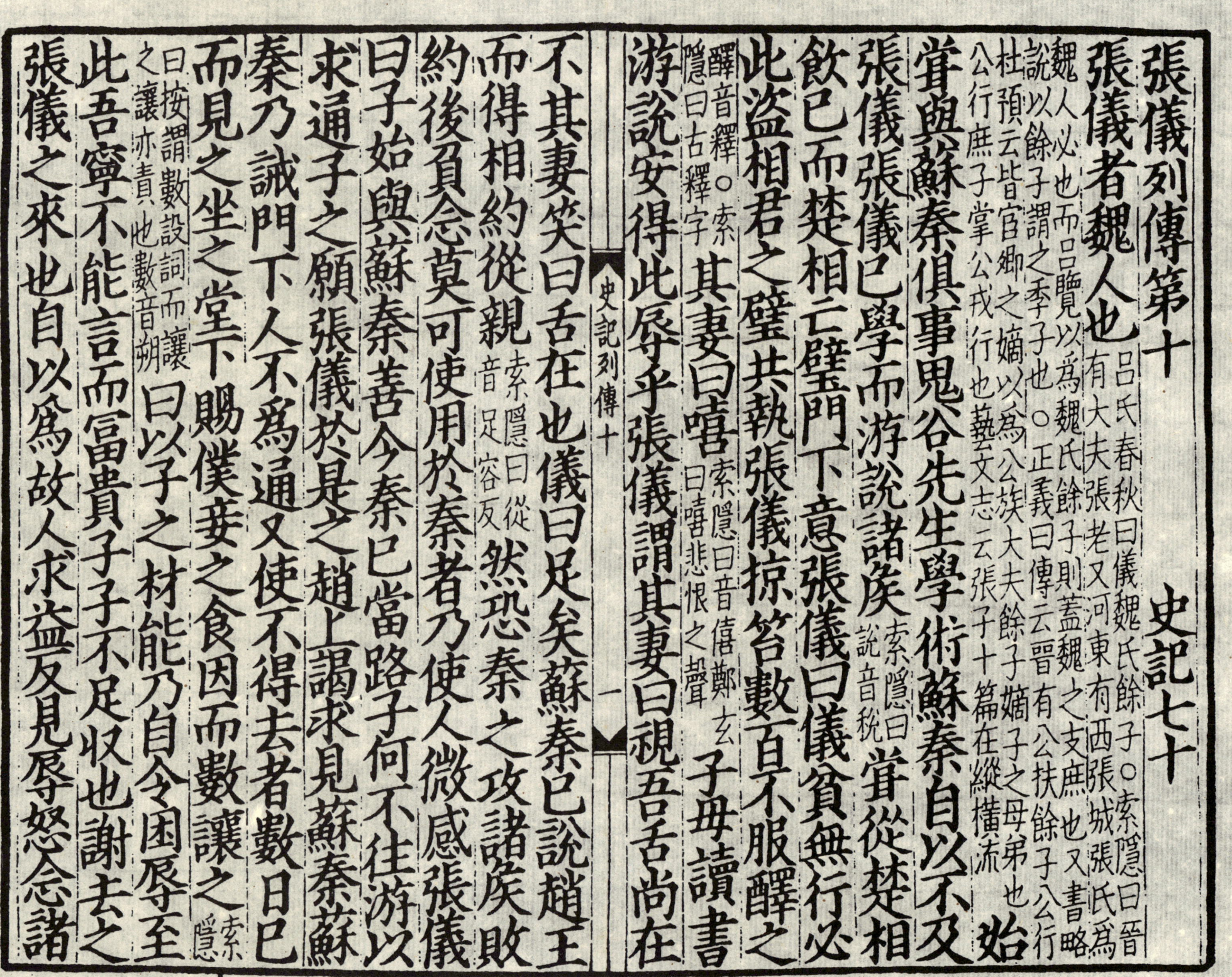

張儀者魏人也呂氏春秋曰儀魏氏餘子○索隱曰晉有大夫張老又河東有西張城張氏爲魏人必也而呂覽以爲魏氏餘子則蓋魏之支庶也又書略說以餘子謂之季子也○正義曰傳云晉有公族公行杜預云皆官卿之嫡以爲公族大夫餘子嫡子之母弟也公行庶子掌公戎行也藝文志云張子十篇在縱橫流始嘗與蘇秦俱事鬼谷先生學術蘇秦自以不及張儀張儀已學而游說諸侯索隱曰說音稅嘗從楚相飲已而楚相亡璧門下意張儀曰儀貧無行必此盜相君之璧共執張儀掠笞數百不服醳之醳音釋○索隱曰古釋字其妻曰嘻索隱曰音僖鄭玄曰嘻悲恨之聲子毋讀書游說安得此辱乎張儀謂其妻曰視吾舌尚在



不其妻笑曰舌在也儀曰足矣蘇秦已說趙王而得相約從親索隱曰從音足容反然恐秦之攻諸侯敗約後負念莫可使用於秦者乃使人微感張儀曰子始與蘇秦善今秦已當路子何不往游以求通子之願張儀於是之趙上謁求見蘇秦蘇秦乃誡門下人不爲通又使不得去者數日已而見之坐之堂下賜僕妾之食因而數讓之索隱曰按謂數設詞而讓之讓亦責也數音朔曰以子之材能乃自令困辱至此吾寧不能言而富貴子子不足收也謝去之張儀之來也自以爲故人求益反見辱怒念諸

侯莫可事獨秦能苦趙乃遂入秦蘇秦已而告其舍人曰張儀天下賢士吾殆弗如也今吾幸先用而能用秦柄者獨張儀可耳然貧無因以進吾恐其樂小利而不遂故召辱之以激其意子為我陰奉之乃言趙王發金幣車馬使人微隨張儀與同宿舍稍稍近就之奉以車馬金錢所欲用為取給而弗告張儀遂得以見秦惠王惠王以為客卿與謀伐諸侯蘇秦之舍人乃辭去張儀曰賴子得顯方且報德何故去也舍人曰臣非知君知君乃蘇君蘇君憂秦伐趙敗從



約以為非君莫能得秦柄故感怒君使臣陰奉給君資盡蘇君之計謀今君已用請歸報張儀曰嗟乎此在吾術中而不悟吾不及蘇君明矣吾又新用安能謀趙乎為吾謝蘇君蘇君之時儀何敢言且蘇君在儀寧渠能乎渠音詎○索隱曰古字少假借耳張儀既相秦為文檄徐廣曰一作咫尺之檄○索隱曰王劭按春秋後語云丈二尺檄許慎云檄二尺書也告楚相曰始吾從若飲索隱曰若汝也下文而亦訓汝我不盜而璧若笞我若善守汝國我顧且盜而城苴蜀相攻擊徐廣曰譙周曰益州天苴讀為包黎之包音與巴相近以為今之巴郡○索隱曰苴音巴謂巴蜀之夷自相攻擊也今作苴者按巴苴草名今論巴遂誤作苴也或巴人巴郡本因芭苴得名所以

其字遂以苴爲巴也注引天苴即巴苴也譙周蜀人也知天苴之音讀爲巴犂之芭按芭犂即織木葺所以爲葦籬也今江南亦謂葦籬曰芭籬○正義曰華陽國志云昔蜀王封其弟于漢中號曰苴侯因命之邑曰葭萌苴侯與巴王爲好巴與蜀爲讎故蜀王怒伐苴苴奔巴求救於秦秦遣張儀從子午道伐蜀王自葭萌禦之敗績走至武陽爲秦軍所害秦遂滅蜀因滅巴蜀二郡括地志云苴侯都葭萌今利州益昌縣五十里葭萌故城是蜀侯都益州巴子城在合州石鏡縣南五里故墊江縣也巴子都江州在都之北又峽州界也 各來告急於秦秦惠王欲發兵以伐蜀以爲道險狹難至而韓又來侵秦秦惠王欲先伐韓後伐蜀恐不利欲先伐蜀恐韓襲秦之敝猶豫未能決司馬錯與張儀爭論於惠王之前 索隱曰錯音七各反又音七故反 司馬錯欲伐蜀張儀曰不如伐韓王曰請聞其說儀曰親魏善



楚下兵三川塞什谷之口 徐廣曰一作尋成皋鞏縣有尋口○索隱曰尋什聲相近故其名惑也戰國策作轘轅緱氏之口亦其地相近也什谷地名○正義曰括地志云温泉水即尋源出洛州鞏縣西南四十里汪水經云鄩城水出北山鄩溪又有故鄩城在鞏縣西南五十八里按洛州維氏縣東南四十里與鄩溪相近之地 當屯留之道 正義曰屯留潞州縣也道即太行羊腸阪道也 魏絶南陽 正義曰南陽懷州也是當屯留之道今魏絶斷壞羊腸韓上黨之路也 楚臨南鄭 正義曰是塞什谷之口也今楚兵臨鄭南塞轘轅鄩口斷韓南陽之兵也 秦攻新城宜陽 索隱曰新城當在河南伊闕之左右○正義曰洛州福昌縣也 以臨二周之郊誅周王之罪侵楚魏之地周自知不能救九鼎寶器必出據九鼎案圖籍挾天子以令於天下天下莫敢不聽此王業也今夫蜀西僻之國而戎翟之倫也敝

兵勞衆不足以成名得其地不足以爲利臣聞爭名者於朝爭利者於市今三川周室天下之朝市也而王不爭焉顧爭於戎翟去王業遠矣（索隱曰王音于放反）司馬錯曰不然臣聞之欲富國者務廣其地欲彊兵者務富其民欲王者務博其德三資者備而王隨之矣今王地小民貧故臣願先從事於易夫蜀西僻之國也而戎翟之長也有桀紂之亂以秦攻之譬如使豺狼逐羣羊得其地足以廣國取其財足以富民（索隱曰戰國策取作得）繕兵不傷衆而彼已服焉（正義曰繕音膳同饍具食也）拔一國而天



下不以爲暴利盡西海而天下不以爲貪（索隱曰西海謂蜀川也海者珎藏所聚生猶謂秦中爲陸海然也其實西亦有海所以云西海○正義曰海之言晦也西夷晦昧無知故言海也言利盡西方羌戎）是我一舉而名實附也（索隱曰名謂博其德也實謂得土地財寶也）而又有禁暴止亂之名今攻韓劫天子惡名也而未必利也又有不義之名而攻天下所不欲危矣臣請論其故（索隱曰論者告也陳也故謂陳不宜伐之端由也）周天下之宗室也齊韓之與國也周自知失九鼎韓自知亡三川（正義曰韓自知亡二周故與周并力合謀也）將二國并力合謀以因乎齊趙而求解乎楚魏以鼎與楚以地與魏王弗能止也此臣之所謂危也不如

伐蜀完惠王曰善寡人請聽子卒起兵伐蜀十月取之索隱曰六國年表在惠王二十二年十月也遂定蜀正義曰表云秦惠王後元年十月擊滅之貶蜀王更號爲侯而使陳莊相蜀蜀既屬秦秦以益彊富厚輕諸侯秦惠王十年使公子華徐廣曰一作華與張儀圍蒲陽索隱曰魏之邑名○正義曰在隰州隰川縣蒲邑故城是也降之儀因言秦復與魏而使公子繇質於魏儀因說魏王曰秦王之遇魏甚厚魏不可以無禮魏因入上郡少梁謝秦惠王惠王乃以張儀爲相更名少梁曰夏陽徐廣曰夏陽在梁山龍門○索隱曰夏音下山名亦曰大夏禹所都○正義曰少梁城同州韓城縣南二十三里夏陽城在縣南二十里梁山在縣東南十九里龍門山在縣北五十里



儀相秦四歲立惠王爲王正義曰表云惠王之十三年周顯王之四十四年也居一歲爲秦將取陝築上郡塞其後二年使與齊楚之相會齧桑東還而免相相魏以爲秦欲令魏先事秦而諸侯效之魏王不肯聽儀秦王怒伐取魏之曲沃平周復陰厚張儀益甚張儀慙無以歸報留魏四歲而魏襄王卒哀王立張儀復說哀王哀王不聽於是張儀陰令秦伐魏魏與秦戰敗明年齊又來敗魏於觀津觀音貫秦復欲攻魏先敗韓申差軍斬首八萬諸侯震恐而張儀復說魏王曰魏地方不至千里卒

不過三十萬地四平諸侯四通輻湊無名山大川之限從鄭至梁二百餘里車馳人走不待力而至梁南與楚境西與韓境北與趙境東與齊境卒戍四方守亭鄣者不下十萬梁之地勢固戰場也梁南與楚而不與齊則齊攻其東東與齊而不與趙則趙攻其北不合於韓則韓攻其西不親於楚則楚攻其南此所謂四分五裂之道也且夫諸侯之爲從者將以安社稷尊主彊兵顯名也今從者一天下約爲昆弟刑白馬以盟洹（音桓）水之上以相堅也而親昆弟同父母尚

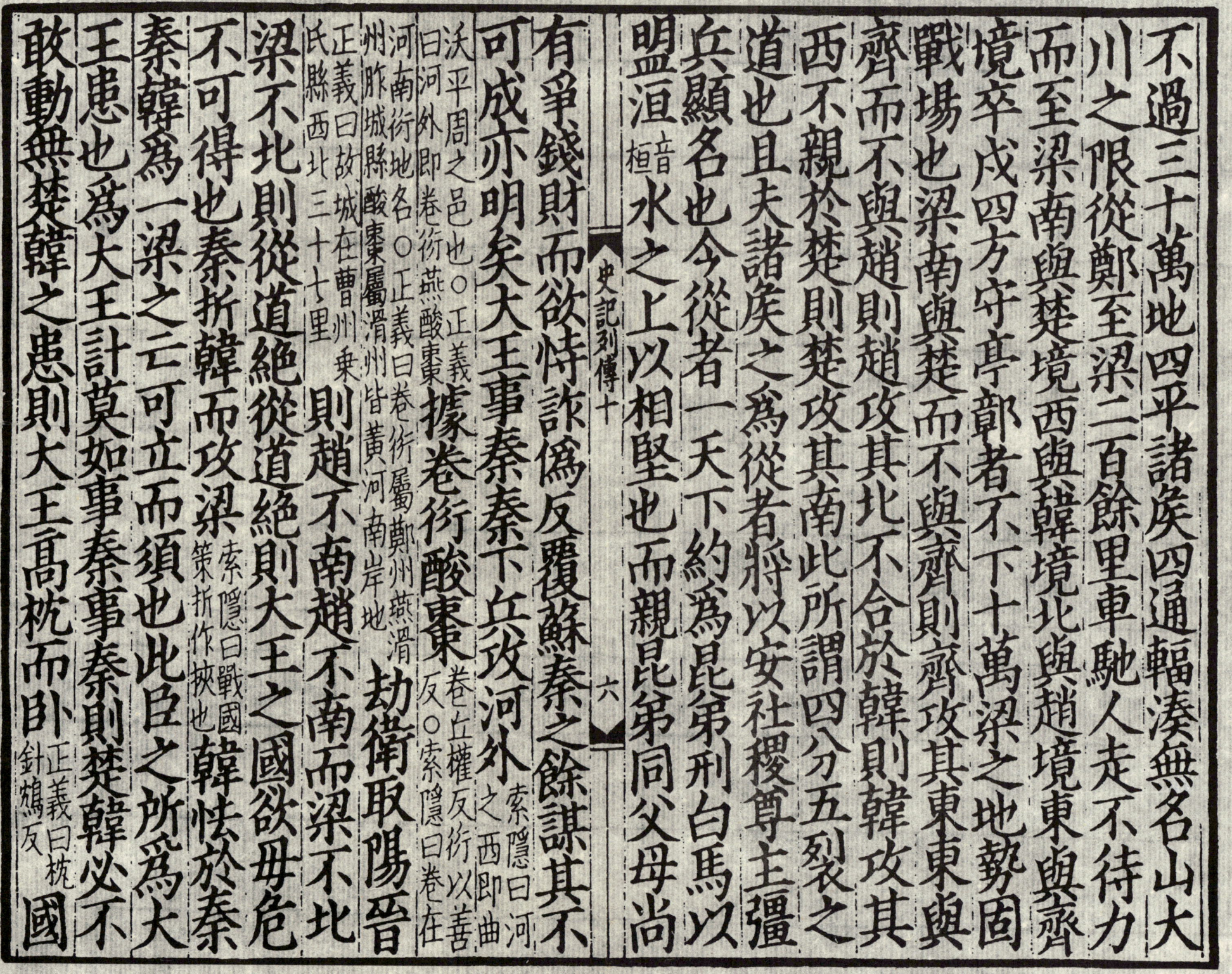

有爭錢財而欲恃詐僞反覆蘇秦之餘謀其不可成亦明矣大王不事秦秦下兵攻河外（索隱曰河之西即曲沃平周之邑也○正義曰河外即卷衍燕酸棗）據卷衍酸棗（卷丘權反衍以善反○索隱曰卷在河南衍地名○正義曰卷衍屬鄭州燕滑州胙城縣酸棗屬滑州皆黃河南岸地）劫衛取陽晉（正義曰故城在曹州乘氏縣西北三十七里）則趙不南趙不南而梁不北梁不北則從道絕從道絕則大王之國欲毋危不可得也秦折韓而攻梁（索隱曰戰國策折作挾也）韓怯於秦秦韓爲一梁之亡可立而須也此臣之所爲大王患也爲大王計莫如事秦事秦則楚韓必不敢動無楚韓之患則大王高枕而臥（正義曰枕針鴆反）國

必無憂矣且夫秦之所欲弱者莫如楚而能弱楚者莫如梁楚雖有富大之名而實空虛其卒雖多然而輕走易北不能堅戰悉梁之兵南面而伐楚勝之必矣割楚而益梁虧楚而適秦嫁禍安國此善事也大王不聽臣秦下甲士而東伐雖欲事秦不可得矣且夫從人多奮辭而少可信說一諸侯而成封侯是故天下之游談士莫不日夜搤腕瞋目切齒以言從之便以說人主人主賢其辯而牽其說豈得無眩哉臣聞之積羽沉舟羣輕折軸衆口鑠金積毀銷骨故願



大王審定計議且賜骸骨辟魏哀王於是乃倍從約而因儀請成於秦張儀歸復相秦三歲而魏復背秦為從秦攻魏取曲沃明年魏復事秦秦欲伐齊齊楚從親於是張儀往相楚楚懷王聞張儀來虛上舍而自館之曰此僻陋之國子何以教之儀說楚王曰大王誠能聽臣閉關絕約於齊臣請獻商於之地六百里索隱曰劉氏云商今之商州有古商城其西二百餘里有古於城使秦女得為大王箕箒之妾秦楚娶婦嫁女長為兄弟之國此北弱齊而西益秦也計無便此者楚王大說而許之羣臣皆賀

陳軫獨弔之楚王怒曰寡人不興師發兵得六百里地羣臣皆賀子獨弔何也陳軫對曰不然以臣觀之商於之地不可得而齊秦合齊秦合則患必至矣楚王曰有說乎陳軫對曰夫秦之所以重楚者以其有齊也今閉關絕約於齊則楚孤秦奚貪夫孤國而與之商於之地六百里張儀至秦必負王是北絕齊交西生患於秦也而兩國之兵必俱至善爲王計者不若陰合而陽絕於齊使人隨張儀苟與吾地絕齊未晚也不與吾地陰合謀計也楚王曰願陳子閉口毋



復言以待寡人得地乃以相印授張儀厚賂之於是遂閉關絕約於齊使一將軍隨張儀張儀至秦詳失綏墮車不朝三月正義詳音羊楚王聞之曰儀以寡人絕齊未甚邪乃使勇士至宋借宋之符北罵齊王齊王大怒折節而下秦秦齊之交合張儀乃朝謂楚使者曰臣有奉邑六里願以獻大王左右楚使者曰臣受令於王以商於之地六百里不聞六里還報楚王楚王大怒發兵而攻秦陳軫曰軫可發口言乎攻之不如割地反以賂秦與之并兵而攻齊是我出地於秦取

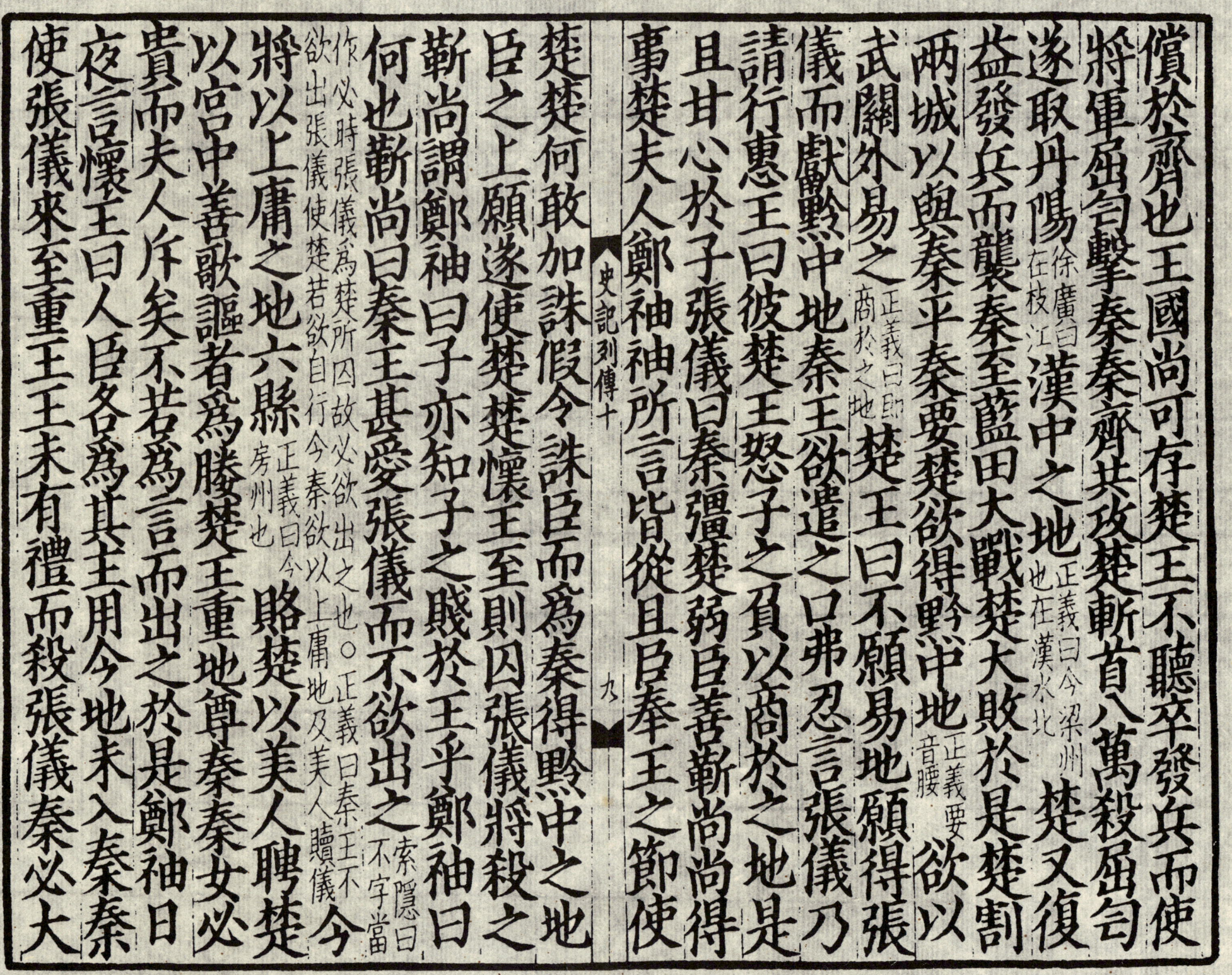

償於齊也王國尚可存楚王不聽卒發兵而使將軍屈匄擊秦秦齊共攻楚斬首八萬殺屈匄遂取丹陽徐廣曰在枝江漢中之地正義曰今梁州也在漢水北楚又復益發兵而襲秦至藍田大戰楚大敗於是楚割兩城以與秦平秦要楚欲得黔中地正義要音腰欲以武關外易之正義曰即商於之地楚王曰不願易地願得張儀而獻黔中地秦王欲遣之口弗忍言張儀乃請行惠王曰彼楚王怒子之負以商於之地是且甘心於子張儀曰秦彊楚弱臣善靳尚尚得事楚夫人鄭袖袖所言皆從且臣奉王之節使



楚楚何敢加誅假令誅臣而為秦得黔中之地臣之上願遂使楚楚懷王至則囚張儀將殺之靳尚謂鄭袖曰子亦知子之賤於王乎鄭袖曰何也靳尚曰秦王甚愛張儀而不欲出之索隱曰不字當作必時張儀為楚所囚故必欲出之也○正義曰秦王不欲出張儀使楚若欲自行今秦欲以上庸地及美人贖儀今將以上庸之地六縣正義曰今房州也賂楚以美人聘楚以宮中善歌謳者為媵楚王重地尊秦秦女必貴而夫人斥矣不若為言而出之於是鄭袖日夜言懷王曰人臣各為其主用今地未入秦秦使張儀來至重王王未有禮而殺張儀秦必大

怒攻楚妾請子母俱遷江南毋爲秦所魚肉也懷王後悔赦張儀厚禮之如故張儀既出未去聞蘇秦死索隱曰此時當秦惠王之後元十四年乃說楚王曰秦地半天下兵敵四國被險帶河四塞以爲固虎賁之士百餘萬車千乘騎萬匹積粟如丘山法令既明士卒安難樂死主明以嚴將智以武雖無出甲席卷常山之險必折天下之脊索隱曰常山於天下在北有若人之背脊也○正義曰古之帝王多都河北河東故也天下有後服者先亡且夫爲從者無以異於驅羣羊而攻猛虎虎之與羊不格明矣今王不與猛虎而與羣羊臣竊以



爲大王之計過也凡天下彊國非秦而楚非楚而秦兩國交爭其勢不兩立大王不與秦秦下甲據宜陽韓之上地不通下河東取成皋韓必入臣梁則從風而動秦攻楚之西韓梁攻其北社稷安得毋危且夫從者聚羣弱而攻至彊不料敵而輕戰國貧而數舉兵危亡之術也臣聞之兵不如者勿與挑戰正義挑田鳥反粟不如者勿與持久夫從人飾辯虛辭高主之節言其利不言其害卒有秦禍正義卒葱勿反無及爲已是故願大王之孰計之秦西有巴蜀大船積粟起於汶山正義

汶音泯浮江已下至楚三千餘里舫船載卒索隱曰舫音方謂並兩船也一舫載五十人與三月之食下水而浮一日行三百餘里里數雖多然而不費牛馬之力不至十日而距扞關徐廣曰巴郡魚復有扞水扞關○索隱曰扞關在楚之西界復音伏地理志巴郡有魚復縣○正義曰在硤州巴山縣界扞關驚則從境以東盡城守矣黔中巫郡非王之有秦舉甲出武關南面而伐則北地絶正義曰楚之北境斷絶秦兵之攻楚也危難在三月之內而楚待諸侯之救在半歲之外此其勢不相及也夫待弱國之救忘彊秦之禍此臣所以爲大王患也大王嘗與吳人戰五



戰而三勝陣卒盡矣偏守新城存民苦矣索隱曰偏音匹連反此之新城當在吳楚之間也○正義曰新攻得之城未詳所在臣聞功大者易危而民敝者怨上夫守易危之功而逆彊秦之心臣竊爲大王危之且夫秦之所以不出兵函谷十五年以攻齊趙者陰謀有合徐廣曰一作吞天下之心楚嘗與秦搆難戰於漢中索隱曰其地在秦之山南楚之西北漢水南之地名曰漢中也楚人不勝列侯執珪死者七十餘人遂亡漢中楚王大怒興兵襲秦戰於藍田此所謂兩虎相搏徐廣曰或音戰者也夫秦楚相敝而韓魏以全制其後計無危於此者矣願大王孰計之秦下

甲攻衛陽晉必大關天下之匈徐廣曰關一作開○索隱曰以常山爲天下脊則此衛及陽晉當天下胸蓋其地是秦晉齊楚之交道也以言秦兵據陽晉是大關天下胸則他國不得動也大王悉起兵以攻宋不至數月而宋可舉舉宋而東指則泗上十二諸侯盡王之有也索隱曰邊近泗水之側當戰國之時有十二諸侯宋魯邾莒之比也凡天下而以信約從親相堅者蘇秦封武安君相燕即陰與燕王謀伐破齊而分其地乃詳有罪出走入齊齊王因受而相之居二年而覺齊王大怒車裂蘇秦於市夫以一詐僞之蘇秦而欲經營天下混壹諸侯索隱曰混本一作棍同胡本反其不可成亦明矣今秦與楚接境壤界固



形親之國也大王誠能聽臣臣請使秦太子入質於楚楚太子入質於秦請以秦女爲大王箕箒之妾效萬室之都以爲湯沐之邑長爲昆弟之國終身無相攻伐臣以爲計無便於此者於是楚王已得張儀而重出黔中地與秦欲許之屈原曰前大王見欺於張儀張儀至臣以爲大王烹之今縱弗忍殺之又聽其邪說不可懷王曰許儀而得黔中美利也後而倍之不可故卒許張儀與秦親張儀去楚因遂之韓說韓王曰韓地險惡山居五穀所生非菽而麥民之食大

抵飯菽藿羹一歲不收民不饜糟糠地不過九百里無二歲之食料大王之卒悉之不過三十萬而廝徒負養在其中矣索隱曰廝徒謂雜役之賤者負養謂負擔以給養公家亦賤人也除守徼亭鄣塞見卒不過二十萬而已矣秦帶甲百餘萬車千乘騎萬匹虎賁之士跿跔科頭跿跔音徒俱跳躍也又云偏舉一足曰跿跔科頭謂不著兜鍪入敵○索隱曰跔又音劬戰國策作虎摯之士貫頤奮戟者至不可勝計言執戟奮怒而入陳也○索隱曰兩手捧頤而直入敵言其勇也又有執戟者奮怒而趨入陣也秦馬之良戎兵之衆探前趹後蹄間三尋索隱曰謂馬前足探向前後足趹於後趹音烏穴反趹謂後足抉地言馬之走勢疾也七尺曰尋言馬走之疾前後蹄間一擲而過三尋也騰者不可勝數



山東之士被甲蒙冑以會戰秦人捐甲徒裼以趨敵索隱曰徒跣也裼袒也謂袒而見肉也左挈人頭右挾生虜夫秦卒與山東之卒猶孟賁之與怯夫以重力相壓猶烏獲之與嬰兒夫戰孟賁烏獲之士以攻不服之弱國無異垂千鈞之重於鳥卵之上必無幸矣夫羣臣諸侯不料地之寡而聽從人之甘言好辭比周以相飾也皆奮曰聽吾計可以彊霸天下夫不顧社稷之長利而聽須臾之說詿誤人主無過此者大王不事秦秦下甲據宜陽斷韓之上地東取成皋滎陽則鴻臺之宮桑

林之苑（徐廣曰桑一作栗○索隱曰此皆韓之宮苑亦見戰國策）非王之有也夫塞成皐絶上地則王之國分矣先事秦則安不事秦則危夫造禍而求其福報計淺而怨深逆秦而順楚雖欲毋亡不可得也故爲大王計莫如爲（于僞反）秦秦之所欲莫如弱楚而能弱楚者莫如韓非以韓能彊於楚也其地勢然也今王西面而事秦以攻楚秦王必喜夫攻楚以利其地轉禍而説秦計無便於此者韓王聽儀計張儀歸報秦惠王封儀五邑號曰武信君使張儀東説齊湣王曰天下彊國無過齊者大臣父兄



殷衆富樂然而爲大王計者皆爲一時之説不顧百世之利從人説大王者必曰齊西有彊趙南有韓與梁齊負海之國也地廣民衆兵彊士勇雖有百秦將無奈齊何大王賢其説而不計其實夫從人朋黨比周莫不以從爲可臣聞之齊與魯三戰而魯三勝國以危亡隨其後雖有戰勝之名而有亡國之實是何也齊大而魯小也今秦之與齊也猶齊之與魯也秦趙戰於河漳之上再戰而趙再勝秦戰於番吾之下再戰又勝秦（索隱曰番音盤又音婆趙之邑也）四戰之後趙之亡卒數

十萬邯鄲僅存雖有戰勝之名而國已破矣是何也秦彊而趙弱今秦楚嫁女娶婦爲昆弟之國韓獻宜陽梁效河外索隱曰河外河之南邑若曲沃平周等也○正義曰謂同華州地也趙入朝澠綿善反池割河間以事秦索隱曰河漳之間邑割以事秦耳○正義曰河間瀛州縣大王不事秦秦驅韓梁攻齊之南地悉趙兵渡清河指博關正義曰博關在博州越兵從貝州度黃河指博關則漯河南臨淄即墨危矣臨菑即墨非王之有也國一日見攻雖欲事秦不可得也是故願大王孰計之也

齊王曰齊僻陋隱居東海之上未嘗聞社稷之長利也乃許張儀張儀去西說趙王曰敝邑秦王使使臣效愚計於大王大王收率天下以賓秦秦兵不敢出函谷關十五年大王之威行於山東敝邑恐懼懾伏繕甲厲兵飾車騎正義飾音敕習馳射力田積粟守四封之內愁居懾處不敢動搖唯大王有意督過之也索隱曰督者正其事而責之督過是深責其過也今以大王之力舉巴蜀并漢中包兩周遷九鼎守白馬之津秦雖僻遠然而心忿含怒之日久矣今秦有敝甲凋兵軍於澠池願渡河踰漳據番吾會邯鄲之下願以甲子合戰以正殷紂之事敬使使臣先聞左右凡大王之所信爲從者

恃蘇秦蘇秦熒惑諸侯以是爲非以非爲是欲反齊國而自令車裂於市夫天下之不可一亦明矣今楚與秦爲昆弟之國而韓梁稱爲東藩之臣齊獻魚鹽之地此斷趙之右臂也夫斷右臂而與人鬬失其黨而孤居求欲毋危豈可得乎今秦發三將軍其一軍塞午道索隱曰此午道當在趙之東齊之西也午道地名也鄭玄云一縱一橫爲午謂交道也告齊使興師渡清河軍於邯鄲之東一軍軍成皐驅韓梁軍於河外正義曰河外謂鄭滑州北臨河一軍軍於澠池約四國爲一以攻趙趙服必四分其地是故不敢匿意隱情先以聞於左右臣竊爲大王計莫如與秦王遇於澠池面相見而口相結請案兵無攻願大王之定計趙王曰先王之時奉陽君專權擅勢蔽欺先王獨擅綰事寡人居屬師傅不與國謀計先王棄羣臣寡人年幼奉祀之日新心固竊疑焉以爲一從不事秦非國之長利也乃且願變心易慮割地謝前過以事秦方將約車趨行正義趨音趣適聞使者之明詔趙王許張儀張儀乃去北之燕說燕昭王曰大王之所親莫如趙昔趙襄子嘗以其姊爲代王妻欲并代約與代王遇於句注

之塞正義曰句注山在代州也上音勾乃令工人作爲金斗長其
尾索隱曰斗音主凡方者爲斗若安長柄則名爲枓音主尾即斗之柄其形若刀者是也令可以
擊人與代王飲陰告廚人曰即酒酣樂進熱啜
索隱曰音昌悅反謂熱而啜之是羹也下云廚人進斟斟謂羹汁故名汁曰斟左氏傳公羊傳云羊羹不斟是也反
斗以擊之正義曰反斗即倒柄擊也於是酒酣樂進熱啜廚人
進斟因反斗以擊代王殺之王腦塗地其姊聞
之因摩笄以自刺故至今有摩笄之山笄婦人之首飾如今
象牙擿○正義曰笄今簪也摩笄山在蔚州飛狐縣東北百五十里代王之亡天下莫不
聞夫趙王之狠戾無親大王之所明見且以趙
王爲可親乎趙興兵攻燕再圍燕都而劫大王



大王割十城以謝今趙王已入朝澠池效河閒
以事秦今大王不事秦秦下甲雲中九原驅趙
而攻燕則易水長城正義曰並在易州界非大王之有也且
今時趙之於秦猶郡縣也不敢妄舉師以攻伐
今王事秦秦王必喜趙不敢妄動是西有彊秦
之援而南無齊趙之患是故願大王孰計之燕
王曰寡人蠻夷僻處雖大男子裁音在如嬰兒言
不足以采正計今上客幸教之請西面而事秦
獻恒山之尾五城索隱曰尾猶末也謂獻恒山之東五城以與秦燕王聽儀
儀歸報未至咸陽而秦惠王卒武王立武王自

爲太子時不說張儀及即位羣臣多讒張儀曰無信左右賣國以取容秦必復用之恐爲天下笑諸侯聞張儀有郤武王皆畔衡復合從秦武王元年羣臣日夜惡張儀未已而齊讓又至張儀懼誅乃因謂秦武王曰儀有愚計願效之王曰柰何對曰爲秦社稷計者東方有大變然後王可以多割得地也今聞齊王甚憎儀儀之所在必興師伐之故儀願乞其不肖之身之梁齊必興師而伐梁梁齊之兵連於城下而不能相去王以其間伐韓入三川出兵函谷而毋伐以



臨周祭器必出（索隱曰凡王者大祭祀必陳設文物軒車彝器等因謂此爲祭器也）挾天子按圖籍此王業也秦王以爲然乃具革車三十乘入儀之梁齊果興師伐之梁哀王恐張儀曰王勿患也請令罷齊兵乃使其舍人馮喜之楚（索隱曰此與戰國策同舊本作憙誤也）借使之齊謂齊王曰王甚憎張儀雖然亦厚矣王之託儀於秦也齊王曰寡人憎儀儀之所在必興師伐之何以託儀對曰是乃王之託儀也夫儀之出也固與秦王約曰爲王計者東方有大變然後王可以多割得地今齊王甚憎儀儀之所在必興師伐之故

儀願乞其不肖之身之梁齊必興師伐之齊梁之兵連於城下而不能相去王以其閒伐韓入三川出兵函谷而無伐以臨周祭器必出挾天子案圖籍此王業也秦王以爲然故具革車三十乘而入之梁也今儀入梁王果伐之是王内罷國而外伐與國（索隱曰謂齊之伐梁也梁之與齊先相許與約從爲鄰故云與國也）廣鄰敵以内自臨而信儀於秦王也此臣之所謂託儀也齊王曰善乃使解兵張儀相魏一歲卒於魏也（索隱曰年表張儀以安王十年卒紀年云梁哀王九年五月卒）

陳軫者游説之士與張儀俱事秦惠王皆貴重



爭寵張儀惡陳軫於秦王曰軫重幣輕使秦楚之閒將爲國交也今楚不加善於秦而善軫者軫自爲厚而爲王薄也且軫欲去秦而之楚王胡不聽乎王謂陳軫曰吾聞子欲去秦之楚有之乎軫曰然王曰儀之言果信矣軫曰非獨儀知之也行道之士盡知之矣昔子胥忠於其君而天下爭以爲臣曾參孝於其親而天下願以爲子故賣僕妾不出閭巷而售者良僕妾也出婦嫁於鄉曲者良婦也今軫不忠其君楚亦何以軫爲忠乎忠且見棄軫不之楚何歸乎王以

其言爲然遂善待之居秦期年秦惠王終相張儀而陳軫奔楚楚未之重也而使陳軫使於秦過梁欲見犀首犀首謝弗見軫曰吾爲事來公不見軫軫將行不得待待索隱曰軫語犀首言我故來欲有教汝之事何不相見異日犀首見之陳軫曰公何好飲也犀首曰無事也曰吾請令公饜事可乎索隱曰饜一艷反饜者飽也謂欲令其多事曰奈何曰田需約諸侯從親索隱曰需時爲魏相楚王疑之未信也公謂於王曰臣與燕趙之王有故數使人來曰無事何不相見願謁行於王王雖許公公請毋多車以車三十乘可陳之於庭明



言之燕趙燕趙客聞之馳車告其王使人迎犀首楚王聞之大怒曰田需與寡人約而犀首之燕趙是欺我也怒而不聽其事齊聞犀首之北使人以事委焉犀首遂行三國相事皆斷於犀首軫遂至秦韓魏相攻朞年不解秦惠王欲救之問於左右左右或曰救之便或曰勿救便惠王未能爲之決陳軫適至秦惠王曰子去寡人之楚亦思寡人不陳軫對曰王聞夫越人莊舃乎王曰不聞曰越人莊舃仕楚執珪有頃而病楚王曰舃故越之鄙細人也今仕楚執珪貴富

矣亦思越不中謝索隱曰謂侍御之官也對曰凡人之思故在其病也彼思越則越聲不思越則楚聲使人往聽之猶尚越聲也今臣雖棄逐之楚豈能無秦聲哉惠王曰善今韓魏相攻朞年不解或謂寡人救之便或曰勿救便索隱曰此張儀等計策寡人不能決願子爲子主計之索隱曰子指陳軫也子主謂楚王也餘爲寡人計之陳軫對曰亦嘗有以夫辨莊子刺虎聞於王者乎索隱曰戰國策作館莊子館謂逆旅舍其人字莊子或作辨莊子莊子欲刺虎館豎子止之曰兩虎方且食牛食甘必爭爭則必鬬鬬則大者傷小者死從傷而刺之一舉必



有雙虎之名辨莊子以爲然立須之有頃兩虎果鬬大者傷小者死莊子從傷者而刺之一舉果有雙虎之功今韓魏相攻朞年不解是必大國傷小國亡從傷而伐之一舉必有兩實此猶莊子刺虎之類也臣主與王何異也索隱曰臣主謂軫之主楚王也秦惠王以言我主與王俱宜待韓魏之獘死而擊之亦無以異也惠王曰善卒弗救大國果傷小國亡秦興兵而伐大尅之此陳軫之計也

犀首者魏之陰晉人也司馬彪曰犀首魏官名若今虎牙將軍名衍姓公孫氏與張儀不善張儀爲秦之魏魏王相

張儀犀首弗利故令人謂韓公叔曰張儀已合秦魏矣其言曰正義曰此張儀合秦魏之辭魏攻南陽秦攻三川魏王所以貴張子者欲得韓地也且韓之南陽已舉矣子何不少委焉以為衍功則秦魏之交可錯矣索隱曰錯音措錯停止也然則魏必圖秦而棄儀收韓而相衍公叔以為便因委之犀首以為功果相魏張儀去徐廣曰復相秦義渠君朝於魏犀首聞張儀復相秦害之犀首乃謂義渠君曰道遠不得復過索隱曰音戈言義渠道遠今日已後不復得更過相見請謁事情索隱曰謂欲以秦之緩急告語之也曰中國無事索隱曰謂山東諸侯齊魏之六國○正義曰中國謂關東六國



無事不共攻秦秦得燒掇焚杅徐廣曰一孤切○索隱曰掇音都活反謂焚燒而侵掠也焚杅音煩烏謂焚蹂而牽製也戰國策云且燒焫獲君之國是說其事也君之國有事索隱曰謂山東諸國共伐秦也秦將輕使重幣事君之國索隱曰謂秦求親義渠君也○正義曰有事謂六國攻秦秦若被攻伐則必輕使重幣事義渠之國欲令相助犀首此言者令義渠君勿援秦也其後五國伐秦索隱曰按表秦惠王後元七年楚魏齊韓趙五國共攻秦是其事者也會陳軫謂秦王曰義渠君者蠻夷之賢君也不如賂之以撫其志秦王曰善乃以文繡千純索隱曰凡絲綿布帛等一段為一純音屯婦女百人遺義渠君義渠君致羣臣而謀曰此公孫衍所謂邪索隱曰謂上文犀首云君之國有事秦將輕使重幣事君之國故云公孫衍之所謂因起兵襲秦以傷張儀也乃起兵襲秦大敗秦

人李伯之下索隱曰謂義渠破秦軍於李伯之下則李伯人名或邑號戰國策伯作帛張儀已卒之後犀首入相秦嘗佩五國之相印爲約長索隱曰犀首後相五國或從或橫常爲約長

太史公曰三晉多權變之士夫言從衡彊秦者大抵皆三晉之人也夫張儀之行事甚於蘇秦然世惡蘇秦者以其先死而儀振暴其短以扶其說索隱曰暴音步卜反振謂振揚而暴露其短扶謂說彼之非成我之是扶會已之説辭也成其衡道索隱曰張儀說六國使連衡而事秦故云成其衡道然山東地形從長蘇秦相六國令從親而賓秦也關西地形衡長張儀相六國令破其從而連秦之衡故蘇爲合從張爲連衡也要之此兩人眞傾危之士哉



索隱述贊曰

儀未遭時　頻被困辱　及相秦惠

先韓後蜀　連衡齊魏　傾危誑惑

陳軫挾權　犀首騁欲　如何三晉

繼有斯德

張儀列傳第十　史記七十

樗里子甘茂列傳第十一　史記七十一

樗里子者名疾秦惠王之弟也 索隱曰樗木名也音攄高誘曰其里有樗樹故曰樗里然疾居渭南陰鄉之樗里故號曰樗里子又紀年則謂之褚里疾 與惠王異母母韓女也樗里子滑稽多智 索隱曰滑音骨稽音雞鄒誕解云滑亂也稽同也謂辯捷之人言非若是言是若非謂能亂同異也一云滑稽酒器可轉注吐酒不已以言俳優之人出口成章詞不窮竭如滑稽之吐酒不已也○正義曰滑讀為滑水流自出稽計也言其智計宣吐如泉流出無盡故楊雄酒賦云鴟夷滑稽腹大如壺是也顏師古云滑稽轉利之稱也滑亂也稽礙也其變無留也一說稽考也言其滑亂不可考較 秦人號曰智囊秦惠王八年爵樗里子右更 索隱曰右更秦第十四爵名 使將而伐曲沃 正義曰故城在陝州縣西南三十二里 盡出其人 索隱曰年表云十一年拔魏曲沃歸其人秦本紀惠文王後元八年五國共圍秦使庶長疾與戰修魚斬首八萬十一年樗里疾攻魏焦降之則焦與曲沃同在十一年拔明矣而傳云八年拔之不同王劭按本紀年表及此傳三處記秦伐國並不同又與紀年不合今殆不可參考也 取其城地入秦秦惠王二十五年使樗里子為將伐趙虜趙將軍莊豹拔藺 正義曰藺縣在石州 明年助魏章攻楚敗楚將屈丐取漢中地秦封樗里子號為嚴君 索隱曰按嚴君是爵邑之號當是封之嚴道也 秦惠王卒太子武王立逐張儀魏章而以樗里子甘茂為左右丞相秦使甘茂攻韓拔宜陽使樗里子以車百乘入周周以卒迎之意甚敬楚王怒讓周以其重秦客游騰為周說楚王曰 索隱曰游姓騰名 智伯之伐仇猶 許慎曰仇猶夷狄之國○索隱曰高誘注

戰國策以仇酋爲厹由韓子作仇由地理志臨淮有仇酋縣也○正義曰括地志云并州盂縣外城俗名原仇山亦名仇猶夷狄之國也韓子云智伯欲伐仇猶國道險難不通乃鑄大鍾遺之載以廣車仇猶大悅除塗內之赤章曼支諫曰不可此小所以事大而今大以遺小卒必隨不可不聽遂內之曼支因斷轂而馳至十九日而仇猶亡也遺之廣車戰國策曰智伯欲伐仇猶遺之大鍾載以廣車周禮曰廣車之萃鄭玄曰廣車橫陳之車因隨之兵仇猶遂亡何則無備故也齊桓公伐蔡號曰誅楚其實襲蔡今秦虎狼之國使樗里子以車百乘入周周以仇猶蔡觀焉故使長戟居前彊弩在後名曰衛疾正義曰防衛樗里子而實囚之且夫周豈能無憂其社稷哉恐一旦亡國以憂大王楚王乃悅秦武王卒昭王立樗里子又益尊重昭王



元年樗里子將伐蒲索隱曰紀年云褚里疾圍蒲不克而秦惠王薨事與此合○正義曰蒲故城在滑州匡城縣北十五里即子路作宰地也蒲守恐請胡衍索隱曰人姓名胡衍爲蒲謂樗里子曰公之攻蒲爲秦乎爲魏乎爲魏則善矣爲秦則不爲賴矣賴利也夫衛之所以爲衛者以蒲也正義曰蒲是衛國之鄣衛今伐蒲入於魏衛必折而從之索隱曰戰國策云今蒲入於秦衛必折而入於魏與此文相反也魏亡西河之外正義曰謂同華等州而無以取者兵弱也今并衛於魏魏必彊魏彊之日西河之外必危矣且秦王將觀公之事害秦而利魏王必罪公樗里子曰奈何胡衍曰公釋蒲勿攻臣試爲公

入言之以德衛君樗里子曰善胡衍入蒲謂其守曰樗里子知蒲之病矣其言曰必拔蒲衍能令釋蒲勿攻蒲守恐因再拜曰願以請因効金三百斤曰秦兵苟退請必言子於衛君使子爲南面故胡衍受金於蒲以自貴於衛於是遂解蒲而去還擊皮氏[正義曰故城在絳州龍門縣西百四十步魏邑]皮氏未降又去昭王七年樗里子卒葬于渭南章臺之東[索隱曰按黃圖在漢長安故城西]曰後百歲是當有天子之宮夾我墓樗里子疾室在於昭王廟西渭南陰鄉樗里故俗謂之樗里子至漢興長樂宮在其東未央宮在其西[正義曰漢長樂宮在長安縣西北十五里未央在縣西北十四里皆在長安故城中也]武庫正直其墓[索隱曰直如字讀直猶當也]秦人諺曰力則任鄙智則樗里

甘茂者下蔡人也[索隱曰地理志下蔡縣屬汝南也○正義曰今潁州縣即州來國]事下蔡史舉先生[索隱曰戰國策及韓子皆云史舉上蔡監門者]學百家之說因張儀樗里子而求見秦惠王王見而說之使將而佐魏章略定漢中地惠王卒武王立張儀魏章去東之魏蜀侯煇相壯反[索隱曰煇音暉又音胡昆反秦之公子封蜀也華陽國志作暉壯音側狀反姓陳也]秦使甘茂定蜀還而以甘茂爲左丞相以樗里子爲右丞相秦武王三年

謂甘茂曰寡人欲容車通三川以窺周室而寡人死不朽矣甘茂曰請之魏約以伐韓而令向壽輔行（正義曰餉受二音人姓名）甘茂至謂向壽曰子歸言之於王曰魏聽臣矣然願王勿伐事成盡以為子功向壽歸以告王王迎甘茂於息壤（索隱曰山海經啓筮云鯀竊帝之息壤以堙洪水或是此也○正義曰秦邑）甘茂至王問其故對曰宜陽大縣也上黨南陽積之久矣（索隱曰上黨南陽並積貯日久○正義曰韓之北三郡積貯在河南宜陽縣之日久矣）名曰縣其實郡也今王倍數險行（正義曰謂函谷及三崤五谷）千里攻之難（索隱曰數音率更反）昔曾參之處費（音秘）魯人有與曾參同姓名者殺



人人告其母曰曾參殺人其母織自若也頃之一人又告之曰曾參殺人其母尚織自若也頃又一人告之曰曾參殺人其母投杼下機踰牆而走夫以曾參之賢與其母信之也三人疑之其母懼焉今臣之賢不若曾參王之信臣又不如曾參之母信曾參也疑臣者非特三人臣恐大王之投杼也始張儀西并巴蜀之地北開西河之外南取上庸天下不以多張子而以賢先王魏文侯令樂羊將而攻中山三年而拔之樂羊返而論功文侯示之謗書一篋樂羊再拜稽

首曰此非臣之功也主君之力也今臣羇旅之臣也樗里子公孫奭(索隱曰戰國策作公孫衍○正義音釋)二人者挾韓而議之王必聽之是王欺魏王而臣受公仲侈(徐廣曰一作馮)之怨也王曰寡人不聽也請與子盟卒使丞相甘茂將兵伐宜陽五月而不拔樗里子公孫奭果爭之武王召甘茂欲罷兵甘茂曰息壤在彼(正義曰甘茂歸至息壤與秦王盟恐後樗里子公孫奭伐韓今二子果爭之武王召茂欲罷兵故甘茂云息壤在彼邑也)王曰有之因大悉起兵使甘茂擊之斬首六萬遂拔宜陽韓襄王使公仲侈入謝與秦平武王竟至周而卒於周其弟立爲昭王(索隱曰趙系家昭王名稷系本云名側)王母宣太后楚女也楚懷王怨前秦敗楚於丹陽而韓不救乃以兵圍韓雍氏(索隱曰秦惠王二十六年楚圍雍氏至昭王七年又圍雍氏韓求救於秦是再圍也劉氏云此是前圍雍氏當赧王之七年戰國策及紀年與此並不同○正義曰故城在洛州洛陽縣東北二十里)韓使公仲侈告急於秦秦昭王新立太后楚人不肯救公仲因甘茂茂爲韓言於秦昭王曰公仲方有得秦救故敢扞楚也今雍氏圍秦師不下殽公仲且仰首而不朝公叔且以國南合於楚楚韓爲一魏氏不敢不聽然則伐秦之形成矣不識坐而待伐孰與伐人之利秦王曰善乃下師於殽以救

韓楚兵去秦使向壽平宜陽而使樗里子甘茂
伐魏皮氏向壽者宣太后外族也而與昭王少
相長故任用向壽如楚 徐廣曰如一作和 楚聞秦之貴
向壽而厚事向壽向壽爲秦守宜陽將以伐韓
韓公仲使蘇代謂向壽曰禽困覆車 譬禽獸得困急猶能抵觸
傾覆人車 公破韓辱公仲公仲收國復事秦自以爲
必可以封 正義曰公仲自以爲必可得秦封 今公與楚解口地 索隱曰解口秦
地名近韓今將與楚也○正義曰上紀買反公向壽也解口猶開口得言向壽於秦開口則楚人必得封地也 封小
令尹以杜陽 索隱曰又封楚之小令尹以杜陽杜陽秦之地今以封楚令尹是秦楚相合也 秦楚
合復攻韓韓必亡韓亡公仲且躬率其私徒以

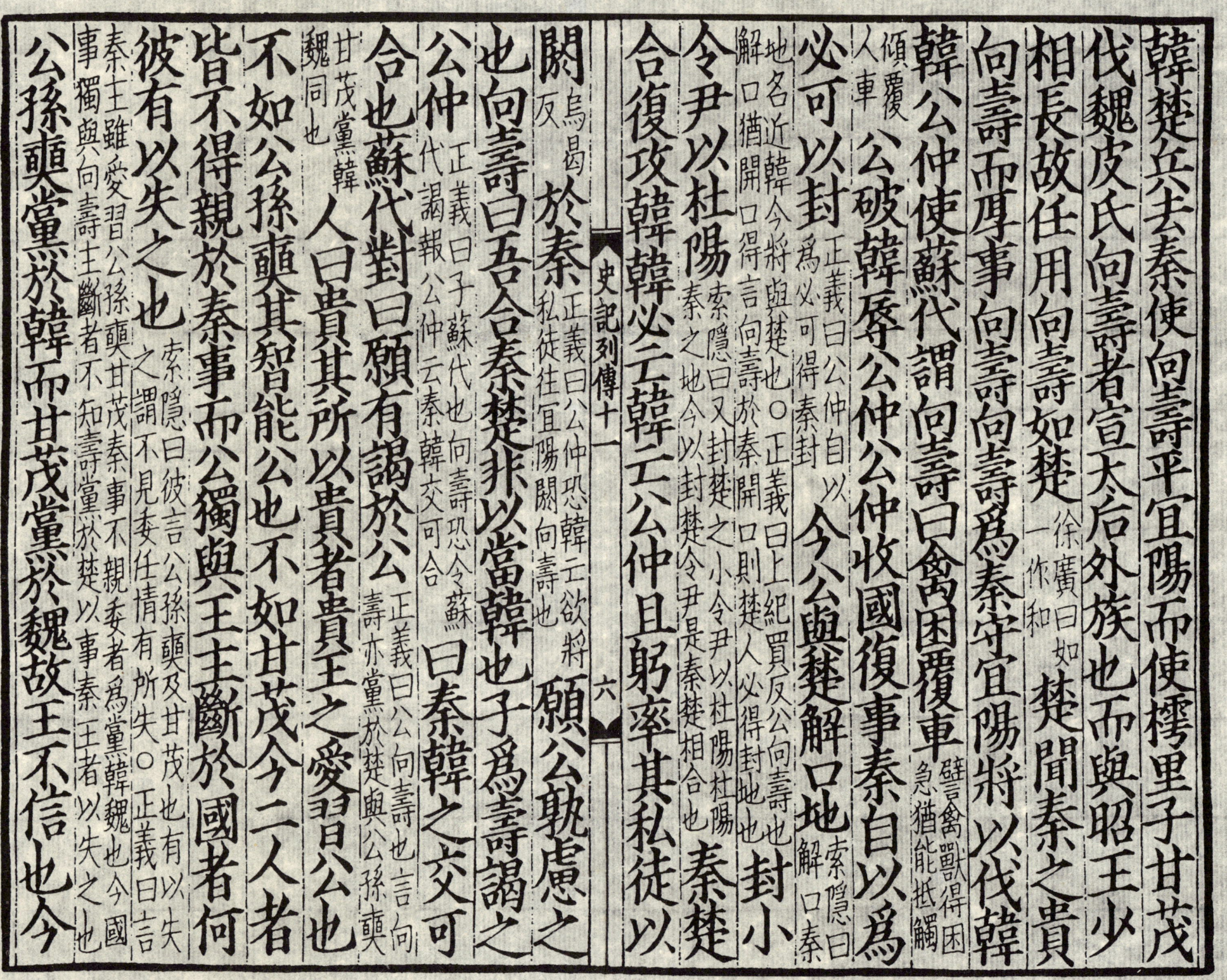

閼 烏曷反 於秦 正義曰公仲恐韓亡欲將私徒往宜陽閼向壽也 願公孰慮之
也向壽曰吾合秦楚非以當韓也子爲壽謁之
公仲 正義曰子蘇代也向壽恐令蘇代謁報公仲云秦韓交可合 曰秦韓之交可
合也蘇代對曰願有謁於公 正義曰公向壽也言向壽亦黨於楚與公孫奭
甘茂黨韓魏同也 人曰貴其所以貴者貴王之愛習公也
不如公孫奭其智能公也不如甘茂今二人者
皆不得親於秦事而公獨與王主斷於國者何
彼有以失之也 索隱曰彼言公孫奭及甘茂也有以失之謂不見委任情有所失○正義曰言
秦王雖愛習公孫奭甘茂秦事不親委者爲黨韓魏也今國事獨與向壽主斷者不知壽黨於楚以事秦王者以失之也
公孫奭黨於韓而甘茂黨於魏故王不信也今

秦楚爭彊而公黨於楚是與公孫奭甘茂同道也公何以異之正義曰蘇氏云向壽與公孫奭甘茂比日有黨言無異也又一云改異黨楚之意人皆言楚之善變也而公必亡之是自爲責也正義曰楚善變改不可信若變改向壽必亡敗是自爲責公不如與王謀其變也善韓以備楚正義曰令秦親韓而備楚之變改則向壽無患矣如此則無患矣韓氏必先以國從公孫奭而後委國於甘茂韓公之讎也正義曰韓氏必先委二人故韓爲向壽之讎今公言善韓以備楚是外舉不辟讎也向壽曰然吾甚欲韓合對曰甘茂許公仲以武遂徐廣曰秦昭王元年予韓武遂反宜陽之民正義曰武遂宜陽本韓邑也秦伐取之今欲還韓令其民得反歸居之今公徒收



之甚難正義曰蘇代言甘茂許公仲以武遂又歸宜陽之民今向壽徙擬收之甚難事也向壽曰然則奈何武遂終不可得也對曰公奚不以秦爲韓求潁川於楚正義曰潁川許州也楚侵韓潁川蘇代令向壽以秦威重爲韓就楚求索潁川是親向壽此韓之寄地也公求而得之是令行於楚而以其地德韓也公求而不得是韓楚之怨不解已買反而交走秦也索隱曰韓楚怨不解二國交走向秦也秦楚爭彊而公徐過楚徐廣曰過一作適○正義曰若二國皆事秦公則漸說楚之過失以收韓此利於秦也以收韓此利於秦向壽曰奈何對曰此善事也甘茂欲以魏取齊公孫奭欲以韓取齊今公取宜陽以爲功收楚韓以安之而誅齊魏之

罪正義曰言公孫奭甘茂皆欲以秦挾韓魏而取齊今向壽取宜陽為功收楚韓安以事秦而責齊魏之罪是公孫奭
甘茂不得同合韓魏於秦以伐齊也是以公孫奭甘茂無事也甘茂
竟言秦昭王以武遂復歸之韓正義曰年表云秦昭王元年予韓武
遂也向壽公孫奭爭之不能得向壽公孫奭由此
怨讒甘茂茂懼輟伐魏蒲阪亡去徐廣曰昭王元年擊魏皮氏未
拔去樗里子與魏講罷兵索隱曰鄒氏云講讀曰媾媾猶和甘茂之
亡秦奔齊逢蘇代代為齊使於秦甘茂曰臣得
罪於秦懼而遯逃無所容跡臣聞貧人女與富
人女會績貧人女曰我無以買燭而子之燭光
幸有餘子可分我餘光無損子明而得一斯便
焉今臣困而君方使秦而當路矣茂之妻子在
焉願君以餘光振之蘇代許諾遂致使於秦已
因說秦王曰甘茂非常士也其居於秦累世重
矣自殽塞及至鬼谷徐廣曰在陽城○正義曰三殽在洛州永寧縣西北其地
形險易皆明知之彼以齊約韓魏反以圖秦非
秦之利也秦王曰然則奈何蘇代曰王不若重
其贄厚其祿以迎之使彼來則置之鬼谷正義曰劉
伯莊云此鬼谷關內雲陽非陽城者也按陽城谷時屬韓秦不得言置之終身勿出秦王曰
善即賜之上卿以相印迎之於齊甘茂不往蘇
代謂齊湣王曰夫甘茂賢人也今秦賜之上卿

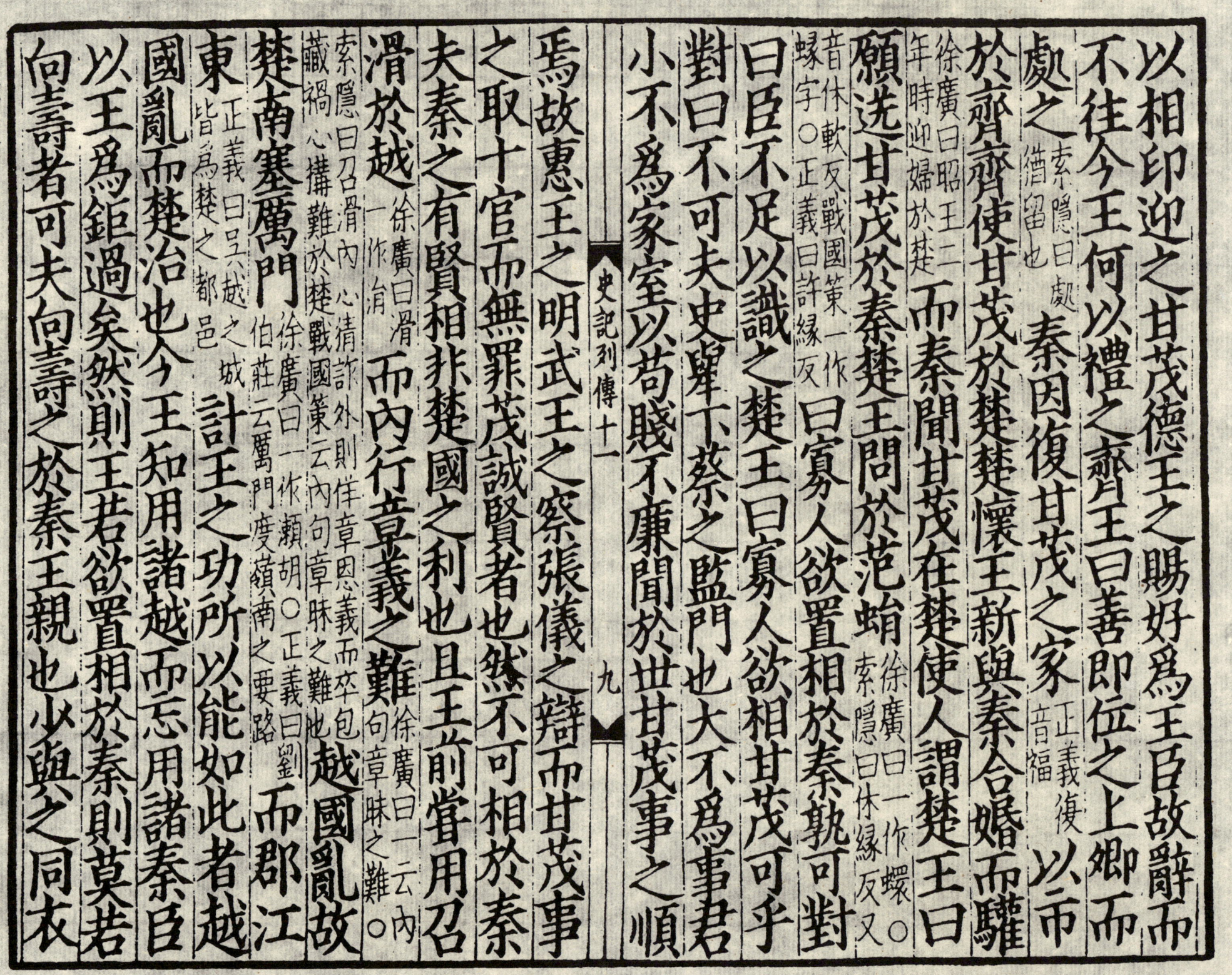

以相印迎之甘茂德王之賜好爲王臣故辭而不往今王何以禮之齊王曰善即位之上卿而處之（索隱曰處猶留也）秦因復甘茂之家（正義復音福）以市於齊齊使甘茂於楚楚懷王新與秦合婚而驩（徐廣曰昭王二年時迎婦於楚）而秦聞甘茂在楚使人謂楚王曰願送甘茂於秦楚王問於范蜎（徐廣曰一作蠉○索隱曰休緣反又音休軟反戰國策一作蝝字○正義曰許緣反）曰寡人欲置相於秦孰可對曰臣不足以識之楚王曰寡人欲相甘茂可乎對曰不可夫史舉下蔡之監門也大不爲事君小不爲家室以苟賤不廉聞於世甘茂事之順



焉故惠王之明武王之察張儀之辯而甘茂事之取十官而無罪茂誠賢者也然不可相於秦夫秦之有賢相非楚國之利也且王前嘗用召滑於越（徐廣曰滑一作涓）而內行章義之難（徐廣曰一云內句章昧之難○索隱曰召滑內心猜詐外則佯章恩義而卒包藏禍心構難於楚戰國策云內句章昧之難也）越國亂故楚南塞厲門（徐廣曰一作瀨胡○正義曰劉伯莊云厲門度嶺南之要路）而郡江東（正義曰吳越之城皆爲楚之都邑）計王之功所以能如此者越國亂而楚治也今王知用諸越而忘用諸秦臣以王爲鉅過矣然則王若欲置相於秦則莫若向壽者可夫向壽之於秦王親也少與之同衣

長與之同車以聽事王必相向壽於秦則楚國
之利也於是使使請秦相向壽於秦秦卒相向
壽而甘茂竟不得復入秦卒於魏甘茂有孫曰
甘羅
甘羅者甘茂孫也茂既死後甘羅年十二事秦
相文信侯呂不韋（索隱曰戰國策甘羅事呂不韋爲庶子）秦始皇帝
使剛成君蔡澤於燕三年而燕王喜使太子丹
入質於秦秦使張唐往相燕欲與燕共伐趙以
廣河間之地張唐謂文信侯曰臣嘗爲秦昭王
伐趙趙怨臣曰得唐者與百里之地今之燕必



經趙臣不可以行文信侯不快未有以彊也甘
羅曰君侯何不快之甚也文信侯曰吾令剛成
君蔡澤事燕三年燕太子丹已入質矣吾自請
張卿相燕而不肯行（索隱曰卽張唐也卿字也）甘羅曰臣請
行之文信侯叱曰去我身自請之而不肯汝焉
能行之（正義曰女音汝焉乙連反）甘羅曰大項槖生七歲爲孔
子師（索隱曰槖音託尊其道德故云項槖）今臣生十二歲於茲矣君
其試臣何遽叱乎於是甘羅見張卿曰卿之功
孰與武安君卿曰武安君南挫彊楚北威燕趙
戰勝攻取破城墮邑不知其數臣之功不如也

甘羅曰應侯之用於秦也孰與文信侯專索隱曰應侯范雎也張卿曰應侯不如文信侯專甘羅曰卿明知其不如文信侯專與曰知之甘羅曰應侯欲攻趙武安君難之去咸陽七里而立死於杜郵今文信侯自請卿相燕而不肯行臣不知卿所死處矣張唐曰請因孺子行令裝治行有日甘羅謂文信侯曰借臣車五乘請爲張唐先報趙文信侯乃入言之於始皇曰昔甘茂之孫甘羅年少耳然名家之子孫諸侯皆聞之今者張唐欲稱疾不肯行甘羅說而行之今願先報趙



請許遣之始皇召見使甘羅於趙趙襄王郊迎甘羅甘羅說趙王曰王聞燕太子丹入質秦歟曰聞之曰聞張唐相燕歟曰聞之燕太子丹入秦者燕不欺秦也張唐相燕者秦不欺燕也燕秦不相欺者伐趙危矣燕秦不相欺無異故欲攻趙而廣河間王不如齎臣五城以廣河間索隱曰齎音側奚反一音資並謂割五城與臣也請歸燕太子與彊趙攻弱燕趙王立自割五城以廣河間秦歸燕太子趙攻燕得上谷三十城索隱曰戰國策云得三十六縣○正義曰上谷今嬀州也在幽州西北令秦有十一索隱曰謂以十一城與秦也甘羅還報秦乃封甘

羅以爲上卿復以始甘茂田宅賜之

太史公曰樗里子以骨肉重固其理而秦人稱其智故頗采焉甘茂起下蔡閭閻顯名諸侯重彊齊楚徐廣曰恐或疑此當云見重彊齊誤脫二字○正義曰甘茂爲強齊楚所重甘羅年少然出一奇計聲稱後世雖非篤行之君子然亦戰國之策士也方秦之彊時天下尤趨謀詐哉

索隱述贊曰

嚴君名疾　厥號智囊　既親且重

稱兵外攘　甘茂並相　初佐魏章

始推向壽　乃攻宜陽　甘羅妙歲

卒起張唐

樗里子甘茂列傳第十一　史記七十一

穰侯魏冉者秦昭王母宣太后弟也（索隱曰宣太后之異父長弟也姓魏名冉封之穰地理志穰縣在南陽宣太后者惠王之妃姓芈氏曰芈八子也）其先楚人姓芈氏（正義曰芈亡爾反）秦武王卒無子立其弟爲昭王昭王母故號爲芈八子及昭王即位芈八子號爲宣太后宣太后非武王母武王母號曰惠文后先武王死（索隱曰秦本紀云昭王二年庶長壯與大臣公子爲逆皆誅及惠文后皆不得良死又按紀年云秦內亂殺其太后及公子雍公子壯是也）宣太后二弟其異父長弟曰穰侯姓魏氏名冉同父弟曰芈戎爲華陽君（索隱曰華陽韓地後屬秦芈戎後又號新城君○正義曰虎云華陽亭名在洛州密縣又故華城在鄭州管城縣南三十里即此城）而昭王同母弟曰高陵君（索隱曰名顯）涇陽君（索隱曰名悝）而魏冉最賢自惠王武王時任職用事武王卒諸弟爭立唯魏冉力爲能立昭王昭王即位以冉爲將軍衛咸陽誅季君之亂（徐廣曰年表曰季君爲亂誅本紀曰庶長壯與大臣公子謀反伏誅○索隱曰按季君即公子壯僭立而號曰季君穰侯力能立昭王爲將軍衛咸陽誅季君及惠文后故本紀言伏誅又云及惠文后皆不得良死蓋謂惠文后時黨公子壯欲立之及壯誅而太后憂死故云不得良死亦史諱之也又逐武王后出之魏亦事勢然也）而逐武王后出之魏昭王諸兄弟不善者皆滅之威振秦國昭王少宣太后自治任魏冉爲政昭王七年樗里子死而使涇陽君質於齊趙人樓緩來相秦趙不利

乃使仇液之秦索隱曰戰國策作机郝蓋是一人而記別也○正義曰音亦姓名請以魏冉爲秦相仇液將行其客宋公索隱曰戰國策作宋交謂液曰秦不聽公樓緩必怨公公不若謂樓緩曰請爲公毋急秦秦王見趙請相魏冉之不急且不聽公公言而事不成以德樓子事成魏冉故德公矣於是仇液從之而秦果免樓緩而魏冉相秦欲誅呂禮禮出奔齊昭王十四年魏冉舉白起使代向壽將而攻韓魏敗之伊闕斬首二十四萬虜魏將公孫喜明年又取楚之宛葉魏冉謝病免相以客卿壽燭爲相其明年燭免復



相冉乃封魏冉於穰復益封陶徐廣曰一作陰○索隱曰陶即定陶也徐廣云作陰陶陰字本易惑也王劭按定陶見有魏冉冢作陰誤也號曰穰侯穰侯封四歲爲秦將攻魏魏獻河東方四百里拔魏之河內取城大小六十餘昭王十九年秦稱西帝齊稱東帝月餘呂禮來而齊秦各復歸帝爲王魏冉復相秦六歲而免免二歲復相秦四歲而使白起拔楚之郢秦置南郡乃封白起爲武安君白起者穰侯之所任舉也相善於是穰侯之富富於王室昭王三十二年穰侯爲相國將兵攻魏走芒卯上音莫卯反下陌飽反入北宅徐廣曰魏惠王五年與韓會宅陽○正義曰竹書云

宅陽一名北宅括地志云宅陽故城在鄭州滎陽縣西南十七里 遂圍大梁梁大夫須賈說穰侯曰臣聞魏之長吏謂魏王曰昔梁惠王伐趙戰勝三梁 徐廣曰田完世家云魏伐趙趙不利戰於南梁○索隱曰三梁即南梁也 拔邯鄲趙氏不割而邯鄲復歸齊人攻衛拔故國殺子良 索隱曰衛之故國蓋楚丘也下文故地亦同謂楚丘也戰國策衛字皆作燕子良作子之恐非也 衛人不割而故地復反衛趙之所以國全兵勁而地不并於諸侯者以其能忍難而重出地也宋中山數伐割地而國隨以亡臣以為衛趙可法而宋中山可為戒也秦貪戾之國也而毋親蠶食魏氏又盡晉國 索隱曰河西河東河內並是魏地即故晉國今言秦蠶食魏氏盡晉國之地也 戰勝暴子 徐廣曰韓將暴鳶 割八縣地未畢入兵復出矣夫秦何猒之有哉今又走芒卯入北宅此非敢攻梁也且劫王以求多割地王必勿聽也今王背楚趙而講秦 索隱曰講和也 楚趙怒而去王與王爭事秦秦必受之秦挾楚趙之兵以復攻梁則國求無亡不可得也願王之必無講也王若欲講少割而有質不然必見欺 索隱曰謂與秦欲講少割地而求秦質子恐不然必被秦欺也 此臣之所聞於魏也 索隱曰須賈說穰侯言魏人謂梁王若少割而求質必是欺我即聞魏見欺於秦也 願君王之以是慮事也周書曰惟命不于常此言幸之不可數也夫戰勝

暴子割八縣此非兵力之精也又非計之工也天幸爲多矣今又走芒卯入北宅以攻大梁是以天幸自爲常也智者不然臣聞魏氏悉其百縣勝甲以上戍大梁臣以爲不下三十萬以三十萬之衆守梁七仞之城爾雅曰四尺謂之仞倍仞謂之尋臣以爲湯武復生不易攻也夫輕背楚趙之兵陵七仞之城戰三十萬之衆而志必舉之臣以爲自天地始分以至于今未嘗有者也攻而不拔秦兵必罷陶邑必亡索隱曰陶一作魏言秦前攻得魏之城邑秦罷則亡而還於魏也○正義曰定陶近大梁穰侯攻梁兵疲定陶必爲魏伐則前功必弃矣今魏氏方疑



可以少割收也索隱曰賈引魏人之說不許王講於秦是言魏氏方疑可以少割地而收魏也願君逮楚趙之兵未至於梁亟以少割收魏魏方疑而得以少割爲利必欲之則君得所欲矣楚趙怒於魏之先已也必爭事秦從以此散索隱曰楚趙怒魏之與秦講皆爭事秦是東方從國於是解散也○正義從足松反而君後擇焉且君之得地豈必以兵哉割晉國秦兵不攻而魏必效絳安邑又爲陶開兩道索隱曰穰侯封陶魏效絳與安邑是得河東地言從秦適陶開河西河東之兩道○正義曰穰故封定陶故宋及單父是陶之南道也魏之安邑及絳是陶北道幾盡故宋索隱曰上音祈此時宋已滅是秦將盡得宋地也衞必效單父秦兵可全而君制之何索而不得何爲而不成願君

孰慮之而無行危索隱曰言莫行圍梁之危事穰侯曰善乃罷梁圍正義曰表云魏安釐王二年秦軍大梁城韓來救與秦溫以和也明年魏背秦與齊從親秦使穰侯伐魏斬首四萬走魏將暴鳶得魏三縣穰侯益封明年穰侯與白起客卿胡陽復攻趙韓魏破芒卯於華陽下斬首十萬取魏之卷丘權反蔡陽長社趙氏觀津且與趙觀津益趙以兵伐齊索隱曰既得觀津仍令趙伐齊而秦又以兵益助趙也齊襄王懼使蘇代為齊陰遺穰侯書曰臣聞往來者言曰秦將益趙甲四萬以伐齊臣竊必之索隱曰臣蘇代也必知秦與趙甲四萬以伐齊曰告齊王言秦必定不益兵以助趙○正義敝邑之王曰正義曰謂齊王也秦王明而熟於計穰侯智而習於事必不益趙甲四萬以伐齊是何也夫三晉之相與也秦之深讎也百相背也百相欺也不為不信不為無行今破齊以肥趙趙秦之深讎不利於秦此一也秦之謀者必曰破齊敝晉楚正義曰今晉楚伐齊齊晉楚之國亦敝敗而後制晉楚之勝夫齊罷國也以天下攻齊如以千鈞之弩決潰癰也必死安能敝晉楚此二也秦少出兵則晉楚不信也多出兵則晉楚為制於秦齊恐不走秦必走晉楚此三也秦割齊以啖晉楚晉楚案之以兵秦反受

敵此四也是晉楚以秦謀齊以齊謀秦也何晉楚之智而秦齊之愚此五也故得安邑以善事之亦必無患矣秦有安邑韓氏必無上黨矣取天下之腸胃與出兵而懼其不反也孰利臣故曰秦王明而孰於計穰侯智而習於事必不益趙甲四萬以伐齊矣於是穰侯不行引兵而歸

昭王三十六年相國穰侯言客卿竈欲伐齊取剛壽徐廣曰濟北有剛縣○正義曰故剛城在兗州龔丘縣界壽張鄆州縣也以廣其陶邑於是魏人范睢自謂張禄先生譏穰侯之伐齊乃越三晉以攻齊也以此時奸說秦昭王昭



王於是用范睢范睢言宣太后專制穰侯擅權於諸侯涇陽君高陵君之屬太侈富於王室於是秦王悟乃免相國令涇陽之屬皆出關就封邑穰侯出關輜車千乘有餘穰侯卒於陶而因葬焉秦復收陶爲郡

太史公曰穰侯昭王親舅也而秦所以東益地弱諸侯嘗稱帝於天下天下皆西鄉稽首者穰侯之功也及其貴極富溢一夫開說身折勢奪而以憂死況於羇旅之臣乎

索隱述贊曰

白起王翦列傳第十三　史記七十三

白起者郿人也（正義曰郿音眉岐州縣）善用兵事秦昭王昭王十三年而白起爲左庶長將而擊韓之新城（索隱曰在河南也○正義曰今洛州伊闕）是歲穰侯相秦舉任鄙以爲漢中守其明年白起爲左更攻韓魏於伊闕（正義曰今洛州南十九里伊闕山號曰龍門是）斬首二十四萬又虜其將公孫喜拔五城起遷爲國尉（正義曰言太尉）涉河取韓安邑以東到乾河（徐廣曰音干駰案郭璞曰今河東聞喜縣東北有乾河口因名乾河里但有故溝處無復水也○索隱曰魏以安邑入秦然安邑以東至乾河皆韓故地故云取韓安邑）明年白起爲大良造攻魏拔之取城小大六十一明年起與



客卿錯攻垣城拔之（徐廣曰河東垣縣）後五年白起攻趙拔光狼城（索隱曰地理志不載光狼城蓋屬趙國○正義曰光狼故城在澤州高平縣西二十五里也）後七年白起攻楚拔鄢鄧五城（徐廣曰昭王二十八年○正義曰鄢鄧二邑在襄州）其明年攻楚拔郢燒夷陵（正義曰夷陵今硤州郭下縣）遂東至竟陵（正義曰故城在郢州長壽縣南百五十里今復州亦是其地也）楚王亡去郢東走徙陳秦以郢爲南郡白起遷爲武安君武安君因取楚定巫黔中郡昭王三十四年白起攻魏拔華陽走芒卯而虜三晉將斬首十三萬與趙將賈偃戰沈其卒二萬人於河中昭王四十三年白起攻韓陘城（正義曰陘城故城在曲沃縣西北二十里在絳州東）

比三十五里也拔五城斬首五萬四十四年白起攻南陽
太行道絕之徐廣曰此南陽河內脩武是也○正義曰案南陽屬韓秦攻之則韓太行羊腸道絕矣四十五年伐韓之野王索隱曰地理志野王縣屬河內在太行東南孟康曰古邢國也野王降秦上黨道絕其守馮亭與民謀曰
鄭道已絕徐廣曰河南新鄭韓之國都是也○索隱曰鄭國即韓之都在河南秦伐野王是上黨歸韓之道絕也韓必不可得爲民秦兵日進韓不能應不
如以上黨歸趙趙若受我秦怒必攻趙趙被兵
必親韓韓趙爲一則可以當秦因使人報趙趙
孝成王與平陽君平原君計之索隱曰平陽君未詳何人平陽
君曰不如勿受受之禍大於所得平原君曰無
故得一郡受之便趙受之因封馮亭爲華陽君
正義曰常山一名華陽解在趙世家四十六年秦攻韓緱氏藺徐廣曰屬潁川○索隱曰今其地闕西河別有藺縣也○正義曰按撿諸地記潁川無藺括地志云洛州嵩縣本夏之綸國也在緱氏東南六十里地理志云綸氏屬潁川郡按既攻緱氏藺二邑合相近恐綸藺聲相似字隨音而轉作藺拔之
四十七年秦使左庶長王齕音紇攻韓取上黨上
黨民走趙趙軍長平徐廣曰在泫氏○索隱曰地理志泫氏今在上黨郡也○正義曰長平故城在澤州高平縣西北一里也以按據上黨民索隱曰謂屯兵長平以據援上黨
四月齕因攻趙趙使廉頗將趙軍士卒犯秦斥
兵索隱曰罥謂犯秦之斥候兵也秦斥兵斬趙裨將茄索隱曰音加裨將名
六月陷趙軍取二鄣四尉索隱曰鄣堡城尉官也○正義曰括地志云趙鄣故

城一名都尉城今名趙東城在澤州高平縣西二十五里又有故穀城此二城即二鄣也七月趙軍
築壘壁而守之秦又攻其壘取二尉敗其陣徐廣曰一作東
奪西壘壁正義曰趙西壘在澤州高平縣北六里是也即廉頗堅壁以待秦王齕奪趙西壘壁者
廉頗堅壁以待秦秦數挑戰正義曰數音朔挑田鳥反趙
兵不出趙王數以為讓而秦相應侯又使人行
千金於趙為反間正義紀莧反曰秦之所惡獨畏馬
服子趙括將耳廉頗易與且降矣趙王既怒廉
頗軍多失亡軍數敗又反堅壁不敢戰而又聞
秦反間之言因使趙括代廉頗將以擊秦秦聞
馬服子將乃陰使武安君白起為上將軍而王



齕為尉裨將令軍中有敢泄武安君將者斬趙
括至則出兵擊秦軍秦軍詳敗而走正義曰詳音羊張二
奇兵以劫之趙軍逐勝追造秦壁正義曰秦壁一名秦壘今亦名
秦長壘壁堅拒不得入而秦奇兵二萬五千人絕
趙軍後又一軍五千騎絕趙壁閒趙軍分而為
二糧道絕而秦出輕兵擊之趙戰不利因築壁
堅守正義曰趙壁今名趙東壘亦名趙東長壘在澤州高平縣北五里即趙括築壁自敗處以待
救至秦王聞趙食道絕王自之河內正義曰時已屬秦故發其
兵賜民爵各一級發年十五以上悉詣長平索隱
曰時已屬秦故發其兵遮絕趙救及糧食至九月趙卒不得

食四十六日皆內陰相殺食來攻秦壘欲出爲四隊四五復之不能出其將軍趙括出銳卒自搏戰秦軍射殺趙括括軍敗卒四十萬人降武安君武安君計曰前秦已拔上黨上黨民不樂爲秦而歸趙趙卒反覆非盡殺之恐爲亂乃挾詐而盡阬殺之遺其小者二百四十人歸趙前後斬首虜四十五萬人趙人大震四十八年十月秦復定上黨郡索隱曰秦前攻趙已破上黨今迴兵復定其郡其餘城猶屬趙秦分軍爲二王齕攻皮牢拔之正義曰故城在絳州龍門縣西一里司馬梗定太原正義曰太原趙地秦定取也韓趙恐使蘇代厚幣說



秦相應侯曰武安君擒馬服子乎曰然又曰即圍邯鄲乎曰然趙亡則秦王王矣武安君爲三公武安君所爲秦戰勝攻取者七十餘城南定鄢郢漢中正義曰鄢在襄州夷道縣南九里郢在荊州江陵縣東六里漢中今梁州之地北擒趙括之軍雖周邵呂望之功不益於此矣今趙亡秦王王則武安君必爲三公君能爲之下乎雖無欲爲之下固不得已矣秦嘗攻韓圍邢丘徐廣曰平皋有邢丘○正義曰邢丘今懷州武陵縣東南二十里平皋縣城是也困上黨上黨之民皆反爲趙天下不樂爲秦民之日久矣今亡趙北地入燕東地入齊南地入韓魏則君之

所得民亡幾何人徐廣曰亡音無也故不如因而割之正義
曰因白起之攻割取韓趙之地無以為武安君功也於是應侯言
於秦王曰秦兵勞請許韓趙之割地以和且休
士卒王聽之割韓垣雍徐廣曰卷縣有垣雍城○正義曰釋地名云卷縣所理垣
雍城按今在鄭州原武縣西北七里也趙六城以和正月皆罷兵武安
君聞之由是與應侯有隙其九月秦復發兵使
五大夫王陵攻趙邯鄲是時武安君病不任行
正義曰入針反堪也四十九年正月陵攻邯鄲少利秦益發
兵佐陵陵兵亡五校武安君病愈秦王欲使武
安君代陵將武安君言曰邯鄲實未易攻也且



諸侯救日至彼諸侯怨秦之日久矣今秦雖破
長平軍而秦卒死者過半國內空遠絕河山而
爭人國都趙應其內諸侯攻其外破秦軍必矣
不可秦王自命不行乃使應侯請之武安君終
辭不肯行遂稱病秦王使王齕代陵將八九月
圍邯鄲不能拔楚使春申君及魏公子將兵數
十萬攻秦軍秦軍多失亡武安君言曰秦不聽
臣計今如何矣秦王聞之怒彊起武安君正義曰彊其兩
反武安君遂稱病篤應侯請之不起於是免
武安君為士伍遷之陰密徐廣曰屬安定○正義曰故城在涇州鶉觚縣城西

即古陰密國密康公國也武安君病未能行居三月諸侯攻秦軍急秦軍數卻使者日至秦王乃使人遣白起不得留咸陽中武安君既行出咸陽西門十里至杜郵索隱曰按故咸陽城在渭北杜郵今在咸陽城中○正義曰說文云郵境上行舍道路所經過今咸陽縣城本秦之郵也在雍州西北三十五里秦昭王與應侯羣臣議曰白起之遷其意尚怏怏不服有餘言秦王乃使使者賜之劍自裁武安君引劍將自剄曰我何罪于天而至此哉良久曰我固當死長平之戰趙卒降者數十萬人我詐而盡阬之是足以死遂自殺武安君之死也以秦昭王五十年十一月死而非



其罪秦人憐之鄉邑皆祭祀焉何晏曰白起之降趙卒詐而阬其四十萬豈徒酷暴之謂乎後亦難以重得志矣向使衆人皆豫知降之必死則張虛捲猶可畏也況於四十萬被堅執銳哉天下見降秦之將頭顱以山歸秦之衆骸積成丘則後日之戰死當死耳何衆肯服何城肯下乎是爲雖能裁四十萬之命而適足以彊天下之戰欲以要一朝之功而乃更堅諸侯之守故兵進而自伐其勢軍勝而還遂喪其計何者設使趙衆復合馬服更生則後日之戰必非前日之對也況今皆使天下爲後日乎其所以終不敢復加兵於邯鄲者非但憂平原之補袒患諸侯之救至也徒諱之而不言耳若不悟而不諱則毋所以遠智也可謂善戰而拙勝長平之事秦民之十五以上者皆荷戟而向趙矣秦王又親自賜民爵於河內夫以秦之彊而十五以上死傷過半者此爲破趙之功小傷秦之敗大又何稱奇哉若後之役戍不豫其論者則秦衆多矣降者何致也必不可致者本自當戰殺不當受降詐也戰殺雖難降殺雖易然降殺之爲害禍大於劇戰也○索隱曰捲音拳袒音濁覔反字亦作綻捄音救

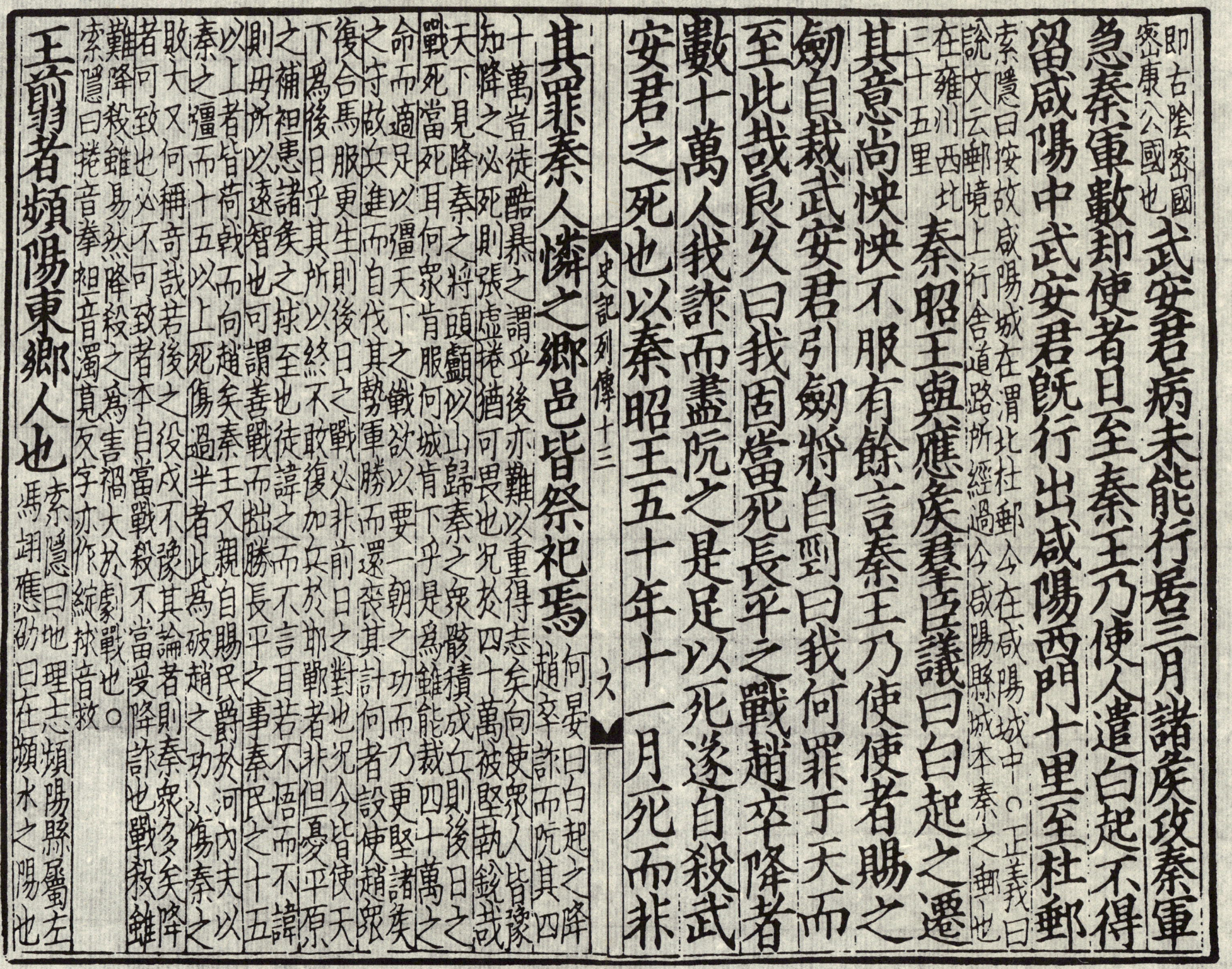

王翦者頻陽東鄉人也索隱曰地理志頻陽縣屬左馮翊應劭曰在頻水之陽也

○正義曰故城在雍州東同官縣界也少而好兵事秦始皇始皇十一年翦將攻趙閼與正義音預破之拔九城十八年翦將攻趙歲餘遂拔趙趙王降盡定趙地爲郡明年燕使荊軻爲賊於秦秦王使王翦攻燕燕王喜走遼東翦遂定燕薊而還正義薊音計秦使翦子王賁擊荊徐廣曰秦諱楚故云荊也○索隱曰賁音奔荊兵敗還擊魏魏王降遂定魏地秦始皇既滅三晉走燕王而數破荊師秦將李信者年少壯勇嘗以兵數千逐燕太子丹至於衍水中卒破得丹始皇以爲賢勇於是始皇問李信吾欲攻取荊於將軍度用



幾何人而足李信曰不過用二十萬人始皇問王翦王翦曰非六十萬人不可始皇曰王將軍老矣何怯也李將軍果勢壯勇徐廣曰勢一作新其言是也遂使李信及蒙恬將二十萬南伐荊王翦言不用因謝病歸老於頻陽李信攻平與音余○正義曰在潁東北五十四里蒙恬攻寢徐廣曰今固始寢丘○索隱曰固始縣屬淮陽寢丘地名也大破荊軍信又攻鄢郢破之於是引兵而西與蒙恬會城父索隱曰在汝南即應鄉○正義曰言引兵而會汝州郟城縣東四十里有父城故城即服虔云城父者也括地志云又許州葉縣東北四十五里亦有父城故城即杜預云襄城城父縣者也此二城父城之名耳服虔城父是誤也左傳及注水經云楚大城城父使太子建居之十三州志云太

子建所居城父謂今亳州城父是也此三家之說是城父之名地理志云潁川父城縣沛郡城父縣據縣屬郡其名自分古先儒多惑故使其名錯亂 荆人因隨之三日三夜不頓舍大破李信軍入兩壁殺七都尉秦軍走始皇聞之大怒自馳如頻陽見謝王翦曰寡人以不用將軍計李信果辱秦軍今聞荆兵日進而西將軍雖病獨忍弃寡人乎王翦謝曰老臣罷病悖亂正義曰罷音皮悖音背 唯大王更擇賢將始皇謝曰已矣將軍勿復言王翦曰大王必不得已用臣非六十萬人不可始皇曰為聽將軍計耳於是王翦將兵六十萬人始皇自送至灞上王翦行請美田



宅園池甚衆始皇曰將軍行矣何憂貧乎王翦曰為大王將有功終不得封矦故及大王之嚮臣臣亦及時以請園池為子孫業耳始皇大笑王翦既至關使使還請善田者五輩徐廣曰善一作蕃○索隱曰謂使者五度又請也或曰將軍之乞貸亦已甚矣王翦曰不然夫秦王怚音麤而不信人徐廣曰怚一作粗 今空秦國甲士而專委於我徐廣曰專亦作摶又作剸 我不多請田宅為子孫業以自堅顧令秦王坐而疑我矣王翦果代李信擊荆荆聞王翦益軍而來乃悉國中兵以拒秦王翦至堅壁而守之不肯戰荆兵數出

挑戰終不出王翦日休士洗沐而善飲食撫循之親與士卒同食久之王翦使人問軍中戲乎對曰方投石超距徐廣曰超一作拔駰案漢書云甘延壽投石拔距絕於等倫張晏曰范蠡兵法飛石重十二斤為機發行三百步延壽有力能以手投之拔距超距也○索隱曰超距猶跳躍也於是王翦曰士卒可用矣荊數挑戰而秦不出乃引而東翦因舉兵追之令壯士擊大破荊軍至鄿南正義曰徐州縣也殺其將軍項燕荊兵遂敗走秦因乘勝略定荊地城邑歲餘虜荊王負芻竟平荊地為郡縣因南征百越之君而王翦子王賁與李信破定燕齊地秦始皇二十六年盡并天下王氏蒙氏功為多名施於後世秦二世之時王翦及其子賁皆已死而又滅蒙氏陳勝之反秦秦使王翦之孫王離擊趙圍趙王及張耳鉅鹿城正義曰今邢州平鄉縣城本秦鉅鹿郡城也或曰王離秦之名將也今將彊秦之兵攻新造之趙舉之必矣客曰不然夫為將三世者必敗必敗者何也以其所殺伐多矣其後受其不祥今王離已三世將矣居無何項羽救趙擊秦軍果虜王離王離軍遂降諸侯

太史公曰鄙語云尺有所短寸有所長白起料敵合變出奇無窮聲震天下然不能救患於應

矦王翦爲秦將夷六國當是時翦爲宿將始皇師之然不能輔秦建德固其根本偷合取容以至圽身徐廣曰圽音歿及孫王離爲項羽所虜不亦宜乎彼各有所短也

索隱述贊曰

白起王翦　俱善用兵　遞爲秦將

拔齊破荆　趙任馬服　長平遂坑

楚陷李信　覇上卒行　賁離繼出

三代無名



白起王翦列傳第十三　史記七十三